北京市社会科学基金项目成果

项目编号：15JGB060

项目名称：基于北京小微企业创新激励的股权众筹机制研究

我国股权众筹运作机制设计问题研究

WOGUO GUQUAN ZHONGCHOU YUNZUO JIZHI SHEJI WENTI YANJIU

黄凌灵·著

中国政法大学出版社

2018·北京

声　明　　1. 版权所有，侵权必究。
　　　　　2. 如有缺页、倒装问题，由出版社负责退换。

图书在版编目（ＣＩＰ）数据

我国股权众筹运作机制设计问题研究/黄凌灵著.—北京:中国政法大学出版社,2018.9
ISBN 978-7-5620-8592-8

Ⅰ.①我… Ⅱ.①黄… Ⅲ.①企业融资－融资机制－研究－中国 Ⅳ.①F279.23

中国版本图书馆CIP数据核字(2018)第227280号

出　版　者	中国政法大学出版社	
地　　　址	北京市海淀区西土城路 25 号	
邮寄地址	北京 100088 信箱 8034 分箱　邮编 100088	
网　　　址	http://www.cuplpress.com（网络实名：中国政法大学出版社）	
电　　　话	010-58908586(编辑部) 58908334(邮购部)	
编辑邮箱	zhengfadch@126.com	
承　　　印	固安华明印业有限公司	
开　　　本	880mm×1230mm　1/32	
印　　　张	8	
字　　　数	200 千字	
版　　　次	2018 年 9 月第 1 版	
印　　　次	2018 年 9 月第 1 次印刷	
定　　　价	46.00 元	

前言

现今,小微企业为技术创新和经济发展做出的贡献,以及发展过程中遇到的融资困境已受到社会各界的普遍关注。自2014年中国证券业协会发布《私募股权众筹融资管理办法(试行)(征求意见稿)》以来,股权众筹在突破小微企业融资困境、搭建小微企业融资平台等方面进行了积极探索和尝试,并体现出了显著优势。该模式一方面利用互联网平台的开放性,将众多风险承受能力较强的高净值个人投资者吸引到企业初创期投资之中,利用民间资本弥补了传统银行信贷资金的配给不足,为小微企业股权融资开辟了新的可行途径;另一方面又利用互联网技术手段大量消除股权融资的中间环节,为项目发起人与投资者搭建起了便捷的互动交流平台,大幅降低了投融资双方信息不对称程度,甚至吸引了广大投资者和潜在消费群体对初创企业研发期产品、服务进行关注和探讨,在增强客户黏性和忠诚度的同时,根据潜在客户意见对产品和服务进行完善,使其产品和服务进一步贴近市场需求。

在股权众筹实际运作中,为了规范项目发起人和投资者的行为,管控项目众筹过程中可能引发的风险,降低众筹融资成本,提高众筹融资效率,股权众筹平台通常会设置一系列运作机制，如信息发布机制、融资阈值机制、"领投+跟投"机制、资金管理机制等，这些运作机制在规范股权众筹各参与方的行为、保障股权众筹有效运行等方面起到了积极作用。

但由于我国股权众筹发展的历程还不长，可以参考和借鉴的成熟经验还不是很多，尚处于"摸着石头过河"的探索阶段，部分运作机制的设计还不够完善，甚至存在某些制度上的缺陷。如信息发布机制致力于减少项目发起人与投资人之间的信息不对称性，营造公平透明的投融资环境，对项目发起人信息发布的内容、定期与不定期信息更新、互动交流等行为进行了规范和限制，但如果缺乏行业监管，众筹平台有可能为了增加发起项目数量和扩大业务规模而"睁一只眼、闭一只眼"，放松审核标准，从而损害投资者的利益；融资阈值机制在一定程度上可对项目发起人盲目炒作、漫天要价和过度融资行为进行制约，但如果缺乏合理的价格引导，项目发起人有可能为了提高众筹成功的可能性而设置较低阈值，从而导致融资不足，并影响项目发起人的积极性，加大项目后期运营风险；"领投+跟投"机制有利于普通投资者搭乘领投人便车，充分利用领投人的行业经验和专业价值判断快速锁定投资项目，节省项目筛选的时间和精力投入，但如果缺乏相应的监管，容易引发领投人与项目发起人的合谋现象，恶意夸大项目价值，侵害普通投资者的利益。由此可见，股权众筹运作机制的设计并非一劳永逸，设计目标与实际运行效果会因各参与方的利益博弈而产生偏差，需要在完善监控机制的基础上，不断进行改进和优化。

本书将在对当前我国主要股权众筹平台调查分析基础上，详细剖析众筹平台各项运作机制的功能设计、运行状况和实施效果，并提出相应的优化建议。全书共分为六章：

第一章为概述，详细介绍股权众筹的概念、基本特征、主要类型、运作流程和发展历程。

第二章重点阐述了我国股权众筹行业发展现状及存在的问题，并对其未来发展趋势进行探讨。

第三章针对当前我国各主要众筹平台常设的运作机制展开深入分析。虽然各众筹平台因资源背景和业务定位不同，在项目具体操作中存在一定差异，但用于规范各参与方行为的运作机制设置大体趋同，以信息发布机制、融资阈值机制、"领投+跟投"机制和资金管理机制最为常见。信息发布机制充分考虑了初创小微企业信息获取难度大、企业发展变化快、不确定性高等特征，对项目发起人定期与不定期披露项目进展信息进行要求和规范，并利用互联网技术手段搭建评论社区等沟通平台，为项目发起人与投资者之间的互动交流提供便利条件。但由于信息发布的审核大多由众筹平台负责，而当前众筹平台的盈利模式相对单一，主要来自众筹成功项目收取的费率。因此，众筹平台有动机放松审核标准以增加发布项目数量，扩大业务规模，提高自身收入水平。由此可见，由行业监管部门制定相对统一的信息发布标准，加强对众筹平台的行业监管，设计合理的多渠道盈利模式是信息发布机制功能得以落实的有力保障。

融资阈值机制的设计目的在于预防项目发起人的过度融资行为，避免因盲目炒作而引起的非理性投资，与此同时，类似于采用"民主集中"原则，将被大多数投资者看好的优质项目挑选出来，将不被大多数投资者看好的劣质项目及时排除在外。但由于小微企业定价比较复杂，各方的心理价格预期经常出现较大差异，如果缺乏合理的价格引导机制，容易出现优质项目因设置较高融资阈值被误判剔除，劣质项目因设置较低融资阈值顺利通过等现象，从而增加股权众筹整体风险水平。

"领投+跟投"机制致力于解决普通投资者在项目选择方面

的难题和困境，众筹平台上的大多数投资者都缺乏相关行业经验、专业的价值判断能力、大量时间和精力，很难从众多复杂项目中挑选出具备投资价值的标的。选择具备专业价值评价能力的投资机构和业界人士作为领投人，负责对标的企业进行尽职调查和信息跟踪，并将收集的信息与普通跟投人分享，可以帮助普通投资者快速锁定投资标的，为其"搭乘专业投资机构或投资人便车"提供便利。由于领投人需要在此次股权众筹中认投最高金额和股权出让比例，其利益与跟投人的利益具有一致性，其发布的调查资料也更具可信度和说服力。在实际运作过程中，为了激励领投人积极认投项目，项目发起人通常会对领投人的尽职调查和信息跟踪支付一定的报酬和奖励，如更优惠的投资条件、更好的分红政策、赠送一定数量的股权等。因此，如果对领投人与项目发起人之间的利益关联缺乏规范和监督，容易引起两者之间的合谋，甚至两者本身就是利益相关的关联公司，共同推高项目估值，损害普通投资者的利益。

资金管理机制要求设置独立的第三方托管机构负责项目众筹过程中的资金划转，从而有效避免投资者出资被众筹平台侵占和挪用，保障资金的安全性。与此同时，对于筹资规模较大的项目，可以设置资金分批次划拨方式，制定相应考核标准，达到相关业绩标准并经投资者同意后再划拨下一批次资金，从而避免部分项目发起人因资金足额到位导致的创新创业动力下降。资金管理机制需要明确资金托管期间利息收入的归属，避免产生相应纠纷，保护投资者的利益。在分批次划拨方式下，对于所分批次、每批次划拨的金额以及业绩考核标准，都需要针对具体项目进行合理设定，以防项目发起人为了获得下一批次拨款，过于关注短期收益而忽视企业长远发展等现象。

退出机制一直是小微企业股权融资中的难题：一是这些企

业大多成立时间不长，企业规模较小，经营业绩和财务绩效不稳定，离成熟上市还有很长时间，并且其中存在很大的不确定性；二是小微初创企业的定价比较复杂，其股权的流动性受限，很难找到合适的买家进行股权协议转让。部分众筹平台结合项目特征进行了积极尝试，如下轮融资退出选择权、达到一定条件下的企业回购、产品和服务消费冲抵等，其效果如何尚待时间和实践检验。

第四章和第五章为实证研究，研究样本来自"大家投""原始会""天使客""蚂蚁天使"等知名众筹平台发布的股权众筹项目，项目信息通过手工跟踪记录整理获取。第四章着力探讨信息发布机制、融资阈值机制、"领投+跟投"机制、资金管理机制与股权众筹融资效率之间的关系，从而判断各运作机制的实际运行效果。研究发现，信息动态更新次数与众筹成功概率正相关，即信息发布次数越多、更新越及时、互动交流越活跃，项目众筹成功的可能性越大，表明信息发布机制可以很好地起到吸引投资者关注、减少项目发起人与投资者之间信息不对称程度、促进投资者做出投资决策的作用。融资阈值与众筹成功概率负相关，即融资阈值设置越高，项目众筹成功的可能性越小，这表明融资阈值机制在一定程度上可以起到抑制过度融资、盲目炒作等非理性投融资行为的作用。

领投人的领投金额作为关键变量被引入模型，并与众筹成功概率呈显著正相关。一方面，领投人的领投金额越高，剩余筹资金额和筹资占比就越低；跟投人投资金额达到融资阈值的难度越小，众筹成功的可能性越大。另一方面，领投人的领投金额越高，越容易向跟投人传达出高质量项目信号，从而吸引到更多跟投人关注并跟进投资。资金到账批次与众筹成功概率正相关，也就是说，项目设置的到账批次越多，项目运作过程监控越严格,越容易降低投资者对项目后期监控难、运营风险大等方面的顾虑,从而做出投资决策。由于采样窗口期有限,大部分项目只跟踪到融资设定期限,很难采集到分批次到账模式下的阶段性考核信息,这在一定程度上影响了资金分批次到账对项目后期运营监控效果的实证研究。

为了考察投资者对发布项目产品开发状态的关注度,将产品状态按照"尚未启动""产品开发中""产品已上市""已有收入""已经盈利"五种状态引入模型。研究表明,产品状态与众筹成功概率之间没有显著的相关性。也就是说,初创小微企业股权众筹投资者并不太关心项目当前是否已经盈利,而更看重项目未来发展潜力和成长空间。

第五章重点研究信息发布机制、融资阈值机制、"领投+跟投"机制、资金管理机制与发布项目创新能力之间的关系。由于股权众筹的项目发布人多为小微初创企业,这类企业的价值往往更多地体现于未来而非现在,而创新能力是决定企业未来发展潜能、发展前景和发展空间的关键要素。本章要探讨的问题就是,这些运作机制的设置能否引导投资者将具有创新能力的发布项目挑选出来,从而判断股权众筹运作机制在资源配置上的有效性。研究发现,企业创新能力与股权众筹成功概率正相关,表明股权众筹在项目选择上总体有效,倾向于选择创新能力强、发展潜力大的项目。

各运作机制与创新能力之间的关系表现各异。评论社区交流反馈量、信息动态更新次数与项目创新能力正相关,表明项目创新能力越强,利用众筹平台向投资者传达项目质量信号的意愿越强,与此同时,投资者与项目发起人进行沟通交流的兴趣越高,互动交流越活跃。融资阈值与项目创新能力之间的相关性不显著,表明当前股权众筹缺乏合理的定价引导机制。由于小微企业价值评估难度大，项目发起人要价容易受主观因素影响，一些创新能力较强的项目有可能因为资金需求的紧迫性而设置较低的融资阈值，以提高众筹成功概率，从而导致项目发起人的心理价位与项目实际价值之间存在错配现象。这一现象会给项目后期运作留下隐患，一旦项目后期运作良好、价值提升速度快，前期的低定价在一定程度上便会导致项目发起人心理失衡，并影响其创新创业的积极性。因此，可以结合项目具体情况，设置相应的激励措施或对赌协议，激励项目发起人为创造企业价值而不懈努力。

领投人的领投金额与项目创新能力之间显著正相关，表明领投人的专业判断具备明显的价值发现功能，能够将创新能力强、发展潜力大的优质项目挖掘出来，并做出相应的投资决策。资金到账批次与项目创新能力负相关，由于资金到账批次多由众筹平台和项目发起人决定，该实证结果反映出创新能力越强的项目越不愿意接受资金多批次到账条件，宁愿冒众筹失败风险选择资金一次足额到账，从而将精力集中于项目开发中来，这与投资人的意愿正好相反。一般情况下，资金到账批次越多，投资人对项目后期运作的监督掌控能力越强，对项目运营不确定性的感知便会下降，但这在一定程度上会对项目发起人产生干扰，迫使其将过多精力用于提升短期业绩，从而影响企业的战略布局和长远发展。因此，需要项目发起人与投资者根据项目特征对资金到账方式进行协调。

第六章是对京东东家股权众筹平台的案例分析。依托京东集团的众创生态圈和雄厚资源背景，2015年3月成立的京东东家迅速成长为股权众筹行业领袖，并形成了独具特色的创投版和消费版股权众筹业务。其中，创投版股权众筹定位于科技创新和生活消费类企业，并已初步具备项目孵化功能，已有项目通过新三板上市和对接下轮融资实现成功退出；消费版股权众筹以健康养生、服饰服装和餐饮娱乐等消费类企业为融资服务对象，开启了集融资与业务宣传、投资与消费为一体的股权众筹模式。本章节将对京东东家这两个股权众筹板块的发展思路、业务定位、运作流程、运行机制、风险来源及风控措施进行深入剖析，并提出优化建议和改进措施。

本书第一章、第二章、第三章、第四章、第五章为黄凌灵、辛丽撰写，第六章为黄凌灵、王楠撰写。

本书的出版得到了北京市社会科学基金项目"基于北京小微企业创新激励的股权众筹机制研究（项目编号15JGB060，项目负责人黄凌灵）"的大力支持。

书中不妥之处，欢迎各位读者批评指正。

目录

前　言 / 001

第一章　股权众筹概述 / 001

第一节　众筹的界定 / 002

一、众筹的概念及特征 / 002

二、众筹的发展历程 / 005

三、众筹的运作模式 / 014

第二节　股权众筹的界定 / 025

一、股权众筹的概念及特征 / 025

二、股权众筹的类型 / 028

三、股权众筹的运作流程 / 032

第三节　股权众筹的发展历程 / 033

第二章　我国股权众筹发展现状及存在的问题 / 038

第一节　我国股权众筹发展现状 / 038

一、我国股权众筹的发展背景 / 038

二、我国股权众筹融资规模 / 047

三、我国股权众筹平台发展现状 / 050

第二节　我国股权众筹存在的问题 / 070

第三节 我国股权众筹发展趋势 / 083

第三章 我国股权众筹运作机制功能分析及优化 / 087
第一节 我国股权众筹运作机制概述 / 087

第二节 信息发布机制的功能分析及优化 / 090

    一、信息发布机制的内容 / 091

    二、信息发布机制的功能分析 / 092

    三、信息发布机制优化 / 095

第三节 阈值机制的功能分析及优化 / 099

    一、阈值机制的内容 / 100

    二、阈值机制的功能分析 / 101

    三、阈值机制优化 / 102

第四节 "领投+跟投"机制的功能分析及优化 / 104

    一、"领投+跟投"机制的内容 / 105

    二、"领投+跟投"机制的功能分析 / 105

    三、"领投+跟投"机制优化 / 107

第五节 资金管理机制的功能分析及优化 / 110

    一、资金管理机制的内容 / 111

    二、资金管理机制的功能分析 / 111

    三、资金管理机制优化 / 112

第四章 运作机制对股权众筹融资效率的影响分析 / 115
第一节 问题的提出 / 117

第二节 国内外相关文献综述 / 120

    一、众筹监管机制和风险管控的相关研究 / 121

    二、众筹运作机制相关研究 / 123

第三节 研究的理论假设与设计 / 126
　　一、股权众筹运作模式分析 / 126
　　二、理论分析和研究假设 / 128
　　三、研究设计 / 133
第四节 实证结果分析及检验 / 136
　　一、各变量的描述性统计分析 / 136
　　二、相关性分析 / 139
　　三、多元回归分析 / 141
第五节 研究结论 / 143

第五章 运作机制对小微企业创新能力的影响分析 / 147

第一节 问题的提出 / 147
第二节 理论分析与研究假设 / 149
　　一、创新能力与股权众筹融资成功率 / 149
　　二、信息发布机制与创新能力 / 150
　　三、阈值机制与创新能力 / 151
　　四、"领投+跟投"机制与创新能力 / 152
　　五、资金管理机制与创新能力 / 153
第三节 研究设计 / 154
　　一、样本的选取与处理 / 154
　　二、变量的选取与定义 / 156
　　三、模型的构建 / 159
第四节 实证结果与分析 / 160
　　一、描述性统计分析 / 160
　　二、多元回归结果及分析 / 164

第五节　结论及建议 / 168

第六章　京东东家众筹融资运作模式分析 / 170

第一节　京东东家背景介绍 / 170
一、京东集团的发展历程 / 170
二、京东金融的发展背景 / 175
三、京东东家的发展背景 / 185

第二节　京东东家业务现状及行业竞争分析 / 186
一、京东东家发展现状 / 186
二、京东东家波特五力模型分析 / 188
三、京东东家主要竞争对手分析 / 191
四、京东东家SWOT分析 / 193

第三节　京东东家创投版股权众筹运作模式分析 / 196
一、创投版股权众筹业务定位 / 197
二、创投版股权众筹运作流程分析 / 199
三、创投版股权众筹运作机制分析 / 201
四、创投版股权众筹风险来源及控制 / 207
五、创投版股权众筹融资中存在的问题 / 216

第四节　京东东家消费版股权众筹运作模式及分析 / 218
一、消费版股权众筹业务定位 / 218
二、消费版股权众筹融资运作模式 / 220
三、消费版股权众筹风险来源及控制 / 227
四、消费版股权众筹存在的问题 / 230

第五节　结论及建议 / 233

参考文献 / 237

第一章 股权众筹概述

随着经济下行压力的加大以及"大众创业、万众创新"国家战略的积极推进,众筹开始走进大众视野,并为社会各界所关注。各类众筹平台如雨后春笋般纷纷上线运营,借助互联网技术手段的各类众筹运作模式层出不穷,为个人、某项活动、某个项目,尤其是小微企业等众多资金需求方开辟了新的融资渠道和途径,同时,也为我国多层次资本市场的建立和完善发挥着积极作用,逐渐成为我国互联网金融中不可或缺的重要组成部分。股权众筹作为众筹的一种重要类型,以股权作为媒介,为小微企业提供初始创业资金支持。一方面,其克服了初创企业原始资金不足的缺陷,在扶持小微企业快速发展壮大中起着越来越重要的作用;另一方面,其为风险承受能力较强、净资产较高的普通投资者进入企业初创期投资提供了便利途径和通道。因此,针对股权众筹展开研究对于完善我国多层次资本市场体系建设、提高资本配置效率具有重要意义。本章为股权众筹概述,简单阐述了众筹的概念、特征、发展历程和四种主要运作模式(奖励众筹、捐赠众筹、债权众筹和股权众筹),并详细介绍了股权众筹的类型和运作流程。

第一节 众筹的界定

一、众筹的概念及特征

1. 众筹的概念

所谓众筹（Crowd Funding）是指项目发起人通过利用互联网和SNS（Social Networking Services，社会性网络服务）传播的特性，发动众人的力量，集中大家的资金、能力和渠道，为小微企业、艺术家或个人进行某项活动、从事某个项目或创办企业提供必要资金援助的一种融资方式。[1]项目发起人通过互联网众筹平台公开宣传和展示其项目，发布项目相关信息（具体包括，产品和服务内容、产品特征、技术优势、核心竞争力、目标客户、市场前景和盈利能力等）。在众筹平台上注册的投资者可以浏览项目内容和信息，并根据自己的经济实力、专业特长、关注领域和生活需求，选择自己感兴趣的项目进行赞助和投资。一般情况下，单个投资者参与众筹的金额比较小，但由于浏览人数众多，优质项目有可能吸引到大量潜在投资者的关注，经过大量用户汇集，筹到的总金额可能会较为可观，一旦达到筹资金额的最低要求（即项目发起人设置的筹资阈值），项目发起人便可获得投资人的众筹资金用于支持项目运作和发展。因此，对项目发起人而言，众筹是集众人之力，为发起项目的运作提供资金支持；对项目投资方而言，每位投资者可能投资多个项目，但在每个项目中投入的资金并不多，可以通过分散投资达到降低整体风险的目的，并且，一旦某个项目投资成功，

---

[1] 罗明雄、唐颖、刘勇：《互联网金融》，中国财政经济出版社2013年版，第179页。

就有可能获得较好回报。

2. 众筹的基本特征

与传统融资方式和众包模式相比，众筹具有以下四个基本特征：

第一，众筹的发起与互联网技术、社交网站的传播特征密切相关。传统融资方式主要依托商业银行、私募基金、风险投资等金融机构进行，金融机构在融资过程中起着至关重要的中介作用，而众筹则主要依赖互联网技术和社交网站的传播特征，通过众筹平台和社交网站的快速传播吸引众多对项目感兴趣的人来共同投资，并利用第三方支付手段实现资金管理和便捷划转。由此可见，在众筹运作过程中，众筹平台为项目发起人（筹资方）和投资方（一般为经过众筹平台认证的合格投资人）搭建起了便捷沟通交流的桥梁，利用互联网技术和社交网站快捷高效地进行信息传递，从而有效地降低投融资双方的信息不对称程度，提高资金配置效率，促使众筹项目成功。

第二，众筹的核心在于发动众人的力量，集中大家的资金、能力和渠道，为项目运作提供资金支持。在传统融资方式中，筹资方面临的投资机构数量不会很多，因此，单家投资机构提供的资金量比较大，所承担的风险也比较高，为了避免出现大量坏账，其往往会对筹资方提出比较严格的条件和要求。众筹利用互联网技术、众筹平台和社交网站开展融资活动：一方面，能够接触到众多目标群体，吸引到感兴趣投资者的数量和概率大幅增加，项目众筹融资成功的可能性也会随之提高；另一方面，由于是大家共同参与，投资者数量较多，每个投资参与众筹的金额相对较低，能够很好地起到风险分散的作用。因此，每个投资者对于单个项目的风险承受能力下降，对项目发起人的资质要求也会相应降低，这也进一步提高了投资项目融资成功的可能性。

第三,众筹融资的方式和目的具有灵活多样性。一方面,众筹项目的发起可以是为某个人、某个企业、某件事、某项活动或者创立新公司提供融资途径,因此,其融资的目的和服务客户具有多样性;另一方面,众筹项目投资人可以接受的回报形式具有多样性,可以无偿捐赠(如疾病救助、贫困救助等慈善行为),也可以是某项产品、服务、现金回报或者公司股权,甚至可以是多种形式的组合回报。因此,与传统融资途径以现金回报为主相比,其回报形式覆盖面更为广泛。

第四,众筹融资起源于众包(Crow Sourcing),但与众包又存在明显的区别。众包是指一个公司或者机构把过去由员工执行的工作任务,以自由自愿的形式外包给非特定的大众网络的做法。[1]其实质是公司精简机构,将内部工作外部化的过程。虽然在实际运作过程中,众包和众筹都利用了互联网技术,但众包的核心目的在于利用项目潜在参与者的知识、经验、智慧和技能,构建一个庞大的资源池,核心机构将这个资源池中能够服务于项目的有效资源连接起来,在更广阔空间优化资源配置,以保障项目有效、顺利地完成。由此可见,众包关注的是完成项目的所需的各项资源,包括人力、物力和财力,目的是为了低成本、高效率地完成项目。

众筹更侧重于获得资金方面的帮助。一方面,项目发起人或产品生产方通过众筹平台对自己的产品和服务进行宣传、推介,吸引大家为其项目投资,如果能够获得足够的资金支持,项目发起人或产品生产方将按照融资计划和项目运作方案执行项目,并为投资方提供其承诺的奖励和回报;另一方面,众筹

---

〔1〕 [美]杰夫·豪:《众包——群体力量驱动商业未来》,中信出版社2011年版,第2页。

投资方（又称为合格投资人）通过众筹平台发现并参与其感兴趣的项目投资，一旦项目众筹成功，投资方便将按照约定分享项目收益或者获得奖励和补偿。大部分众筹平台在运作过程中对项目发起人负有监督责任，对发起项目进行审查，最大限度地保证项目发起人提供信息的真实程度。有些众筹还设有诚信档案，一旦发现存在虚假信息披露问题，会进行公示并有相应惩罚措施。项目众筹成功后，众筹平台一般会对项目运作进行过程控制，督促项目发起人按照约定给投资者支付奖励和回报，从而减少投资者对项目后期监控难度较大的顾虑。

由此可见，众筹突破了传统融资渠道以银行等金融机构为中介的融资模式，为个人、某项活动、某个项目、初创企业提供了一种高效、便捷的融资方式，其资金来源于众筹平台上众多合格投资者，能起到较好的风险分散作用。

二、众筹的发展历程

1. 国外众筹发展历程

众筹融资的雏形最早可追溯到18世纪欧洲文艺作品的订购。[1]在当时，许多备受世人敬仰的名家，如贝多芬、莫扎特等的作品都是通过事前订购这种方式来筹集创作经费的。投资者预先为这些画家、音乐家的作品创作提供资金支持，待作品完成时，创作者会通过回赠签名著作、首场音乐会演出门票等非现金奖励方式来回报投资者。因此，当时的投资者一般是音乐、绘画的爱好者，或者是创作者的"粉丝"。2001年，世界上第一家众筹平台"Artist Share"在美国诞生，该平台主要为音乐人提供项目筹资服务，经过多年的培育和发展，该平台在音乐

---

〔1〕 刘志坚、吴珂："众筹融资起源、发展与前瞻"，载《经营管理》2014年第6期。

众筹领域取得了显著成绩，多位在该平台获得资助的音乐人获得格莱美奖，扶持了许多高水平的音乐作品的创作。

2006年，美国学者迈克尔·萨利文创建了一个名为"Fundavlog"的融资平台，第一次使用众筹（Crowdfunding）一词解释了"Fundavlog"的核心理念。尽管该平台建设最终以失败告终，但迈克尔·萨利文通过博客持续发布该平台的工作进度以及在维基百科对众筹进行定义等行为将众筹纳入了公众视野，众筹开始为广大普通民众所关注和熟悉。

2008年1月，"Indiegogo"正式上线运营，该网站从电影类垂直项目入手，逐渐发展成为综合性众筹融资平台。目前，"Indiegogo"发起的项目已经涵盖了科技、艺术、戏剧、舞蹈、设计、游戏、音乐和影视等24个类别。"Indiegogo"向世界各地的人们开放，人们可以将自己的奇思妙想和创意项目在该平台进行宣传、展示，吸引投资者关注以获得资金支持。项目发起人无需申请即可启动筹资，筹资方式分为固定型和灵活型两类，由项目发起人自行决定、任选其一。其中，固定型筹资方式是指筹资启动前，由项目发起人设定初始目标筹资金额，一旦实际筹款达到或超过初始设定值，项目众筹即成功，项目发起人会将筹资获得的资金用于项目执行，并按照项目发起时的约定为投资者支付奖励和回报。灵活型筹资方式融资金额设定空间相对自由，是指项目发起人不设初始目标金额，投资者可以按照各自意愿对项目进行投资，不论实际筹资金额是多少，项目发起人都有权选择"接受"或者"放弃"，如果选择放弃，项目众筹即失败，众筹平台负责将前期所筹款项返还给投资人；一旦选择接受，项目众筹即成功，项目发起人会将获得的众筹资金用于支持项目运作，并按照筹资时的约定给投资者支付奖励和回报。

"Indiegogo"平台作为中介并不参与项目的监管和运作,其功能仅仅是为项目投融资双方提供信息交流和资金划转的平台。平台的收益主要为服务费,如果固定型筹资项目失败,"Indiegogo"平台将不收取任何服务费,所筹资金将全部返还给投资人。在其他情况下(包括固定型筹资项目成功、灵活型筹资项目被接受),"Indiegogo"平台将收取所筹资金的4%~9%作为服务费,该费用主要用于维持众筹平台的日常运营,并从中获取一定的收益。

2009年4月,世界最大的众筹平台"Kickstarter"网站正式上线运营,"Kickstarter"网站定位于为创新项目提供新型融资渠道,通过搭建网络平台,为有创造力、创新技术的人提供项目研发资金支持,促使其梦想成真。与此同时,让广大普通投资者有机会接触项目初始投资。目前,该平台对项目发起人具有地域限制,只接受美国本土、英国、加拿大、澳大利亚、新西兰等国的创业人员提交的创意项目。但平台对投资者没有地域限制,全球各地的投资者都可以为自己喜欢的项目提供资金支持,但项目只接受美元或英镑。为了控制众筹项目运作风险,保护众筹参与各方的利益,"Kickstarter"采用"达标入账"的运作模式,即项目发起人在筹资启动之前,需要设置筹资期限和最低目标金额(也称为融资阈值),如果在筹资期限内,筹资金额达到最低目标值,众筹即成功,众筹平台会将投资人提供的众筹资金将划转给项目发起人,项目发起人获得资金后将开始执行项目并须对项目负责到底,确保兑现其筹资时向投资人的承诺;如果筹资金额没有达到设定的最低目标值,项目发起人可以选择终止项目或继续筹款,不必实际执行项目。"Kickstarter"平台发布的项目涉及范围较广,当前主要以影视和音乐为主,涵盖艺术、漫画、舞蹈、设计、时尚、影视、食物、音乐、游戏、摄影、出版、技术和喜剧等十三大类别。

英国众筹融资行为也非常活跃，其平台数量和融资金额仅次于美国。2011 年成立的"Crowdcube"是英国最大的股权众筹平台，该平台于 2013 年成功为 50 个商业项目进行筹资，筹资金额达到 1170 万英镑，每个项目的平均筹资额度超过 20 万英镑。2014 年 10 月 1 日，法国为众筹量身定制的《参与性融资条例》正式生效，该条例将众筹正式定义为"参与性融资（Financement Participatif）"，并按照回报方式将众筹分为有息或无息借贷型、无偿捐助型和证券认购型三大类别。2015 年 7 月，韩国国会通过了《资本市场和投融资业相关的法律修订案》，该法案对众筹进行了比较清晰的界定和规范，认可了从事众筹业务的互联网小额投资中介所的法律地位，于 2016 年 1 月起正式开始实施。

2. 国内众筹发展历程

与国外众筹发展历程相比，我国众筹平台起步较晚，起始于 2011 年。2011 年，国内首家众筹平台"点名时间"正式上线，并先后完成了《十万个冷笑话》《大鱼·海棠》等影视作品众筹项目，这些项目单项募集资金均在 100 万元以上，创作的原创动漫作品令观众耳目一新。众筹开始在社会上引起广泛关注，这也标志着众筹在我国正式启动。"点名时间"最初定位为创新型智能硬件产业的专业众筹平台，平台上聚集了大量的智能硬件产品发烧友。项目发起人可以借助"点名时间"发布其硬件项目和技术开发的相关信息（包括项目的具体内容、服务对象、专利技术、市场前景和优势等）。发烧友可以在"点名时间"上浏览相关项目信息，一旦发现自己感兴趣的项目，便可立即参与项目众筹。"点名时间"采用奖励众筹模式，即投资方最终获得的回报为项目研发成功后的智能硬件产品及相关服务，一旦项目众筹成功，众筹平台便负责将筹集的资金划拨给投资人，并督促项目发起人按照约定将承诺的奖励按时兑现给投资人。2013年6月，"点名时间"与小米、视觉中国达成合作协议，为了推动中国创意产业的发展，为创意项目提供低成本、便捷的融资渠道，平台宣布实行免费制，不再收取服务佣金，投资者的所有筹款都将如数交给创业者用于项目执行。2014年7月，"点名时间"正式转型为智能硬件生产厂家的预售网站，智能硬件生产厂家可以在平台上发布项目和产品信息，同时公布一定的预售期。在预售期内，硬件销售渠道商可以以比较低的折扣向生产厂家预定其产品和服务，预定价格甚至可以低至市场价格的3折~5折。

之后，随着互联网金融的爆发式增长，众多众筹平台如雨后春笋般陆续上线。2011年9月，"追梦网"正式上线运营，为科技、设计、影像、音乐、人文、出版等类型的项目提供众筹服务支持。平台向每个成功的筹资项目收取筹资金额6%的服务费用，用以维持众筹平台的运营并获取一定收益。2011年11月，国内首家股权众筹平台"天使汇"正式上线运营，"天使汇"定位于为项目发起人提供初创企业股权融资服务，其运作方式与天使投资、风险投资比较类似。因此，平台上很快便聚集了一批专业天使投资人，这些投资人在"天使汇"上寻找心仪的初创项目，通过资金注入将其逐渐扶持为成熟的企业，并从中获取高额的股权投资回报。"天使汇"成立后取得了不菲业绩，完成了"滴滴打车"等优质项目的首轮融资。

2012年2月，国内首家垂直型众筹平台"淘梦网"成立，该平台隶属于北京淘梦网络科技有限责任公司，专注于影视类项目的筹资运作。目前，"淘梦网"已经与土豆、优酷、爱奇艺、PPS、腾讯视频等视频网站开展了广泛合作，发展成为国内最大的微电影众筹平台。2012年10月，专注于股权众筹项目的"大家投"平台正式上线，该平台号称是中国版的"Angeilist"，类似于为创业公司提供股权售卖的"天猫商城"，致力于为创业者和投资人提供便捷、高效的股权众筹服务。

我国众筹虽然起步较晚，但却发展迅速。除了上述大家熟悉的众筹平台外，近两年来，"淘宝众筹"和"京东众筹"的出现掀起了又一轮众筹高潮。2013年12月，一家名为"淘星愿"的众筹平台上线运营，并随后更名为"淘宝众筹"。"淘宝众筹"是一个协助淘宝卖家、买家、学生、白领、艺术家、明星发起创意，实现梦想的众筹平台，众筹项目类型主要为电影、音乐、动漫、设计及工艺等。如果你有好的创意和想法，就可以在淘宝众筹平台上发起展示项目计划，并邀请喜欢计划的人成为项目发起人的梦想合伙人，为其提供资金支持，一起见证项目运作和成功，并获得相应回报。"淘宝众筹"以高成功率的募资活动和融资金额成功挤进我国十大众筹平台之列，截至2015年3月，"淘宝众筹"上线项目877个，累计筹资金额过亿。其中，科技类产品筹集资金占到90%以上，估值过亿的科技类企业超过20个。与此类似，2014年7月，依托于京东商城的"京东众筹"正式上线运营并发展迅猛，2014年11月单月份筹资额高达全行业的80%，成为国内第一大权益类众筹平台。

根据零壹财经旗下零壹研究院发布的2016上半年《互联网众筹报告》统计数据：截至2016年6月底，累计上线的众筹平台共414家，其中，正常运营的平台267家，占平台总数的64.5%；停运、倒闭或转型的平台至少有147家，占平台总数的35.5%。目前，国内主要众筹平台及其运营特征如表1-1所示：

表1-1 国内主要众筹平台及其运营特征

众筹平台名称	运营特征
众筹网	综合型众筹平台,提供股权众筹、奖励众筹、公益众筹、房地产众筹服务
京东众筹	京东金融推出的综合型众筹平台,以产品众筹为主,提供多种形式的回报
淘宝众筹	阿里旗下综合型众筹平台,项目发起人可以获得从产品生产加工、定位包装、物流和众筹后期运营的产业链式增值服务
苏宁众筹	苏宁金融旗下的综合型众筹平台,推出线上+线下全渠道运营模式
云筹	私募股权众筹投资平台,专注于天使投资
资本汇	创业投资和股权众筹金融服务平台,提供一站式融资解决方案
聚米金融	互联网影视众筹平台,推出新型投资+互动运营模式
人人投	股权众筹服务平台,提供线上、线下项目路演,为投资者寻找优质项目,为项目发起人提供筹资服务
天使汇	传统PE/VC融资互联网化,侧重线下路演活动
淘梦网	专注微电影的垂直众筹平台,创作团队可以在平台上发布拍摄计划、列示预算、展示团队、记录进度、沟通交流、寻求合作

2014年,以我国首例房地产众筹试水为契机,众筹步入快速发展时期,各种探索、各类运作模式和众筹平台层出不穷。2014年至2016年,我国众筹大事记如表1-2所示:

表 1-2　国内众筹大事记[1]

时间	事件
2014 年 3 月 4 日	全国首例房地产众筹试水，中关村募集 200 人在沧州众筹买房
2014 年 3 月 26 日	阿里巴巴数字娱乐事业部推出娱乐宝众筹产品，投资者出资 100 元即可参与影视作品投资
2014 年 7 月 1 日	京东众筹上线，通过精选高人气项目在行业和用户中引起较大反响
2014 年 9 月 22 日	百度金融推出《黄金时代》等影视类众筹项目，为影片筹集后期制作和宣传费用
2014 年 12 月 18 日	中国证券业协会公布《私募股权众筹融资管理办法（试行）（征求意见稿）》，关于股权众筹融资的性质、投资者、融资者、投资者保护、自律管理等内容向公众公开征求意见
2015 年 3 月 10 日	追梦网与其移动端产品"轻松筹"正式合并成"Dremove"
2015 年 3 月 11 日	《国务院办公厅关于发展众创空间推进大众创新创业的指导意见》提出，开展互联网股权众筹融资试点，增强众筹对大众创新创业的服务能力
2015 年 7 月 18 日	中国人民银行等十部委联合发布《关于促进互联网金融健康发展的指导意见》，对股权众筹作出明确界定，并对股权众筹服务对象、发起渠道、信息披露形式进行了规范

[1]　根据相关网站和新闻报道资料整理。

续表

时间	事件
2015年8月3日	证监会发布《关于对通过互联网开展股权融资活动的机构进行专项检查的通知》,致函各省级人民政府对股权众筹风险事项进行专项检查,促使股权众筹健康有序发展
2015年9月26日	国务院印发《关于加快构建大众创业万众创新支撑平台的指导意见》,强调积极运用互联网技术优势构建风险控制体系,缓解信息不对称,防范风险,规范发展网络借贷业务
2016年3月10日	中国互联网金融协会《互联网金融信息披露规范(初稿)》公开,对互联网非公开股权融资提出了明确的披露要求,内容包括平台融资项目总数、平台融资总金额、平均项目融资额度、平均满标时间、平台风险提示信息等
2016年10月13日	证监会发布《股权众筹风险专项整治工作实施方案》,将互联网股权融资平台(以下简称"平台")以"股权众筹"等名义从事股权融资业务,平台以"股权众筹"名义募集私募股权投资基金,平台上的融资者未经批准,擅自公开或者变相公开发行股票,平台通过虚构或夸大平台实力、融资项目信息和回报等方法进行虚假宣传,误导投资者等八种行为纳入本次整治重点

由此可见,虽然我国众筹行业起步较晚,尚处于初始发展和探索阶段,众筹项目数量和融资规模不大,但发展势头比较迅猛。据相关不完全统计数据显示,2016年上半年,我国众筹行业共成功筹资79.41亿元,已达到2015年全年成功筹资额的近七成,是2014年全年全国众筹行业成功筹资金额的近3.7倍。如此迅猛的发展势头也引发了虚假宣传、误导投资者、风险监

管不力等一系列问题，需要及时进行有效引导和整治，确保我国众筹行业的健康、有序发展。[1]

三、众筹的运作模式

自 2011 年以来，我国众筹行业"摸着石头过河"，结合各类实际项目进行了积极探索和尝试。由于众筹的目的、项目特征、目标群体和投资者属性存在较大差异，筹资过程中形成了不同的运作模式。根据投资者获取回报的方式，可以将众筹融资分为奖励众筹、捐赠众筹、债权众筹和股权众筹四种类型，每种众筹类型在运作过程中呈现出较大差异。以下，本书将进行具体介绍和分析。

1. 奖励众筹

奖励众筹是指投资者通过众筹平台对发起项目进行投资，并获得相应的产品或服务作为回报和奖励的众筹模式。奖励众筹通常用于创新或创意类项目或产品的融资，尤其是在电影、音乐、智能硬件及技术产品等范围得到了广泛应用。例如，某位流行歌手可以在众筹平台上发起奖励众筹项目，所获资金将用于创作新的音乐作品和专辑，如果某些投资人对其音乐情有独钟，致使其愿意为这位歌手新专辑的创作与制作提供资金支持，作为回报，在项目发起人新唱片发行后，投资者通常将获得其亲笔签名的 CD 作为回报，而不是发行新专辑所得的金钱利润，这就是典型的奖励众筹模式。因此，奖励众筹的投资者以影迷、歌迷以及硬件设备发烧友为主。

奖励众筹按照运作模式不同，又分为两种基本类型：一类是产品或服务奖励众筹，此类众筹模式也多应用于音乐、电影

---

[1] 参见零壹研究院：《众筹服务行业年度报告》，东方出版社 2016 年版。

及技术产品等领域，投资者获得的是象征性奖品作为回报，如印有标志的T恤、签名的CD、电影票、VIP资格等，项目发起人多为机构负责人、明星、影星等。项目发起人凭借自身的名气、人气发起项目。投资人多为该歌星、影星的粉丝，凭借对产品或者明星、影星的倾心度买单，这种奖励不具备增值价值，也不是必须严格履行的职责，更多的是象征性意义。

另一类是预售型众筹。预售型众筹是当下最为流行且得到普遍应用的一种奖励众筹模式。该模式的特点是在产品或是服务还没有被创造研发出来之前，项目发起人就将项目相关信息（具体包括产品与服务的内容和特点、为使用者带来的价值、专利技术、目标客户等）在众筹平台上发布，以此吸引对该项目或产品感兴趣，甚至是喜爱该项目和产品的投资者，[1]并向投资者承诺会在规定的时间内以提供该产品或服务作为回报。

由此可见，预售型众筹运作模式与我们所熟知的"团购+预售"模式较为类似，但两者又存在一定差别：首先，两者的目的不一样，"团购+预售"是为了提高企业销售业绩，而奖励众筹更多是为了募集产品和服务研发制造所需资金；其次，两者开始运作时，产品与服务的状态不一样，"团购+预售"的商品多为已成型的产成品，可直接用于销售，而预售型众筹中用于奖励的产品和服务多处于研发过程中，需要众筹提供的资金扶持项目完成；最后，两者产品与服务设计过程中，目标客户的参与度也不一样。"团购+预售"模式中，因为产品已经定型，目标客户的参与度比较低，最多只能根据客户反馈意见进行产品微调。预售型众筹模式中，产品正处于研发阶段，项目发起人通常会在众筹平台上征询投资人（投资人大部分为众筹产品

---

[1] 孟韬、张黎明、董大海："众筹的发展及其商业模式研究"，载《创新与创业》2014年第2期。

和服务的潜在顾客）的意见，并根据投资人的意见对产品和服务进行调整改进，以提高客户需求匹配度和融资成功率。

一般情况下，奖励众筹单个投资者资助的金额不会很高，但投资者的数量很多，项目发起人主要依托众筹粉丝的规模获得足额资金，一旦众筹成功，众筹平台便会负责督促和监督项目发起人按照约定兑现承诺奖励。由此可见，奖励众筹单个投资者的风险不会很大，这类运作模式引起的纠纷也不是很多。奖励众筹的运作流程具体如图1-1所示：

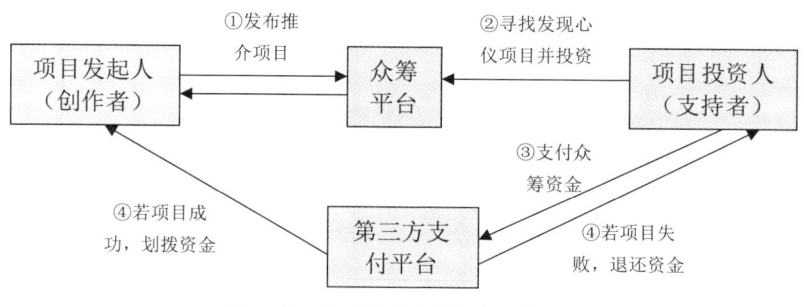

图1-1 奖励众筹运行模式流程图

第一，项目发起人（创作者）向众筹平台上提供项目相关信息，包括产品和服务的内容、专利技术、所需资金、筹资期限、回报方式、项目团队成员介绍等。众筹平台负责对项目进行初步审核，审核内容以信息披露的真实性为主，一旦审核通过，即在众筹平台上进行发布和推介。

第二，众筹平台上聚集了众多经过认证的投资人，可以浏览发布的项目，一旦发现自己感兴趣的项目，即可提供相应的资金支持，奖励众筹模式下，每位投资人对每个项目的支持金额不会很高。

第三，项目众筹过程中所筹集的资金一般由众筹平台委托的第三方支付机构代为托管，一旦项目众筹成功，第三方托管机构便会按照约定将资金划拨给项目发起人，众筹平台可以获得相应比例的服务费。如果众筹失败，第三方托管机构负责会将资金足额退还给投资人。

第四，项目众筹成功后，项目发起人获得相应资金用于发起项目的运作，众筹平台在项目运作过程中负有监督责任，督促项目发起人按时、按质、按量将承诺的奖励发放给投资者，一旦奖励发放完毕，该众筹项目运行即结束。

2. 捐赠众筹

所谓捐赠众筹是指通过互联网或者众筹平台发布筹款项目信息（包括发起项目的事由、筹款金额、款项的具体用途、筹款期限等），出资者向募集者提供资金并不要求任何回报的众筹。由此可见，捐赠众筹具有无偿性质，一般用于公益和贫病扶助领域。捐赠众筹的项目发起人虽然不需要向出资者提供任何回报，但需按照募集时的说明和要求，将获赠资金用于指定用途并促使特定目的的实现。如果募集者没有按照众筹时约定的用途使用捐赠资金，出现挪用、侵占行为，将涉嫌欺诈罪，投资者可以依照不当得利原则要求募集者返还捐赠资金。对于出资者和募集者而言，捐赠众筹具有无偿性，但众筹平台一般会根据项目具体情况、筹资金额和筹资进度收取一定的管理费用，用于维持众筹平台的日常运营。

捐赠众筹按照捐赠方式不同，可以分三种类型：

第一类是个人募捐式众筹。即由用户个人发起的公众募捐，项目发起人将募集项目的相关信息发布到众筹平台上，或通过社交网络进行发布，投资者通过众筹平台或社交网络了解该项目相关情况，进而选择是否参与投资。如腾讯公益利用微信朋友圈的个人关系为需要帮助的人募集捐款，水滴筹为大病患者筹集医疗费用等均属于这种类型。但是，根据《中华人民共和国慈善法》的规定，不具有公开捐赠资格的组织或个人，不得采取公开募集的方式开展公开捐赠活动。因此，个人募捐式众筹在法律层面上处于灰色地带，容易出现非法集资等问题。

第二类是平台募捐式众筹，由众筹平台根据《基金会管理条例》设公募基金会，充当捐赠众筹的中介机构，代替需要发起捐赠众筹的一方向公众发起募捐，从而获得相应资金支持。但由于公募基金会属于正规募捐，程序比较复杂，申请门槛较高，获批难度较大。

第三类是微公益式众筹，此类运作模式较为正规，是由具备公募资格的非政府组织[1]发起证实并认领。在众筹过程中，捐赠众筹平台仅充当中介平台作用，不收取任何佣金费用。如微公益微博平台，其整体的运作模式就是首先由发起人发起项目，然后等待爱心团队的审核，审核通过后由符合资质的相关公益组织认领，最后等待大众捐款捐物，一旦众筹成功，再由公益组织负责按照项目发起时的约定完成救助。

无论是哪种运作模式，捐赠众筹平台的角色定位都比较清晰，主要负责项目信息发布、信息披露真实性审核、项目发起人与捐赠方信息交流、资金发放等，捐赠众筹平台一般不承担项目的执行和监督职责。在佣金方面，公益型和非公益型捐赠处理方式存在明显不同，公益型捐赠众筹一般为政府或公益机构组织并执行的相关项目，管理者或项目发起人可凭借自身对大众的影响募集公益项目所需资金。因此，对于这类项目，众筹平台一般不收取佣金。而非公益型捐赠众筹多是非政府组织发起、组织运作，如壹基金等，此类众筹项目对众筹平台的依

---

[1] 非政府组织（Non-Governmental Organization），即一个不属于政府、不由国家建立，通常独立于政府的民间组织。

第一章　股权众筹概述

赖度比较高,众筹平台可能会收取一定比例的佣金,用于维持平台的日常运营。此外,我国公益型捐赠众筹受到法律的诸多限制,对项目发起人的要求较高,发起难度较大,但对投资人的资格以及投资金额无特殊限制。[1]由于捐赠众筹的投资人对其出资没有回报方面的要求,任何人都可以秉持心中的善良,根据自己的经济实力及意愿对需要帮助的人或事贡献自己的力量。因此,捐赠门槛一般设置较低,有些项目起始投资甚至是一两元。

捐赠众筹意味着投资者对项目或公司进行无偿捐赠,在众筹的过程中形成了没有任何实质奖励的捐赠合约。因此,对项目发起人而言,最重要的约束就是必须按照项目发起时的约定将募集资金用于指定用途。由于众筹平台上可以接触到大量投资者,近年来,很多非政府组织(NGO)都采用这种模式为特定项目募集资金。与传统的募捐活动不同,捐赠众筹通常是为某一特定项目募捐,由于捐赠者知道募集款项的具体用途和去向,其捐赠意愿会更强。捐赠众筹发起项目涉及的金额一般比较小,通常用于具有公益性质的教育、社团、宗教、健康、环境、社会等领域,出资者的支持资金具有明显的捐赠和帮扶性质,出资人参与的目的主要是为了精神层面的收获。由于捐赠众筹不涉及项目回报,其运作模式相对简单,具体如图 1-2 所示:

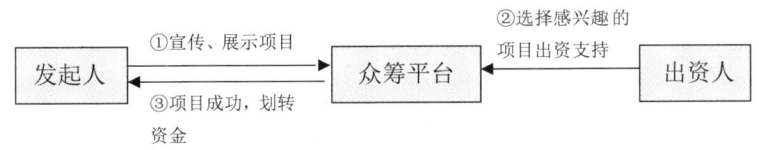

图 1-2　捐赠众筹的运作模式

---

[1] 张利国、杨子皎:"中国式众筹的 4 大模式与 N 种可能",载《经理人》2014 年第 11 期。

第一步，项目发起人将捐赠众筹项目的具体情况在众筹平台上进行宣传和展示，内容涉及捐赠目的、捐赠对象、项目内容、所需资金、筹资期限和具体运作方式等，以吸引出资人的关注和兴趣。

第二步，出资人选择自己感兴趣的捐赠项目，并给予资金支持，每位投资者的出资金额通常不会太高。

第三步，对于具有筹资期限和初始设定金额的捐赠项目，如果在规定期限内达到初始设定金额，项目众筹即成功，发起人将获得运作项目的资金支持；如果规定期限内没有达到初始设定金额，项目众筹即失败，众筹平台会将前期筹集的资金返还给出资人。对于没有初始设定金额的捐赠项目，不论实际筹款为多少，众筹平台都会将资金转给发起人。一般情况下，众筹平台会及时发布项目执行情况相关信息，但不负责监督项目执行。

3. 债权众筹

债权众筹是指项目发起人在众筹平台上发布相关项目信息，并承诺以按期偿还本金和支付利息方式吸引投资者资金支持的一种众筹融资方式。因此，投资者参与此类众筹项目将获得相应的债权，并在未来获得本金偿还和利息支付。

债权众筹与传统银行贷款存在明显的不同，传统银行贷款属于间接筹资方式。首先，银行居民盈余资金以银行存款方式吸引进来，形成储户对银行的债权，银行对储户的债务；其次，银行再将吸引进来的存款放贷给需要资金的借款人，形成借款人对银行的债务，银行对借款人的债权。由此可见，银行作为中介机构对存款和借款行为进行深度参与，形成了银行主导的两类债权、债务关系。

债权众筹是借款人通过众筹平台与出资方进行沟通交流，

一旦借贷双方达成意向,由借款人和投资人自行签订借贷合约,形成债权众筹筹资方与投资方之间的债权债务关系。由此可见,债权众筹更多的是直接筹资范畴,众筹平台的主要功能在于为筹资和投资双方提供沟通交流的平台,具体筹资条件和回报方式由债权众筹投融资双方自行决定,项目风险主要由投资者自行承担。债权众筹平台对于借贷业务参与的深度各不相同,有些平台仅仅是作为借贷双方沟通交流的场所,并不参与具体项目,这类平台收取的服务费相对较低。有些平台为了增加业务规模,会为投融资双方提供更为专业的信息服务,如对发起项目进行风险评估并向投资者公布,发布参考利率标准,对发起项目进行后期跟踪以提高借贷资金的安全性,甚至对某些贷款进行担保等。这类平台的运行费用比较高,并且在一定程度上承担了项目风险,因此,其收取的费用也相对较高。多数情况下,债权众筹也可以理解为P2P网络借贷,即投融资双方以众筹平台和互联网为媒介,在个人与个人之间实现小额借贷的行为,[1]在某种程度上来讲,P2P包含众筹,P2P更"专",而众筹更"广"。

根据债权众筹的运作模式,可以将其分为以下三种类型:

(1)纯线下交易模式。纯线下交易模式与传统借贷行为比较类似,只是利用互联网技术手段,将借贷行为的前端"借款人与出资方的信息对接"搬到网上,众筹平台仅仅作为信息沟通交流平台而存在。因此,这种模式又被称为标准纯平台P2P模式。在这种模式下,借款人将自己的借款信息交给借贷平台审核,通过审核后将借贷信息在平台上发布;投资人根据自己的筛选标准(如对收益的要求、借款期限的要求、风险承受能力等)在借贷平台上自主选择贷款对象;平台只负责提供相关

---

[1] 陈初:"对中国'P2P'网络融资的思考",载《人民论坛》2010年第9期。

信息，承担服务功能，并不介入具体借贷交易，也不承担相应风险。为了控制投资人的风险，在此模式下，多数 P2P 公司都会要求借款人提供相应的抵押物，[1]为其借款提供一定程度的担保。

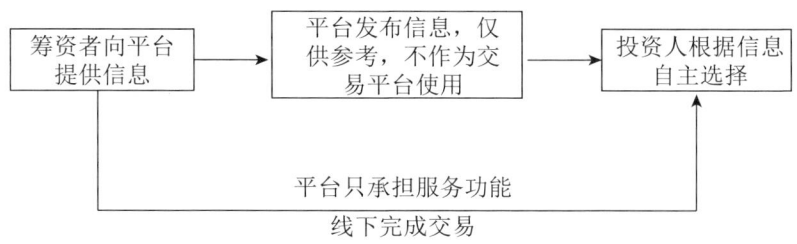

图 1-3　线下债权众筹运行模式流程图

纯线下交易模式的典型代表有"宜信"等。"宜信"的网站平台仅为投资者提供项目相关的信息，投资者具体的交易手续、交易程序、借贷利率的确定和风险控制都由 P2P 信贷机构与客户面对面沟通完成。这类借贷平台一般具备成熟的风控体系，产品收益适中、投资门槛高、投资周转期相对较长，适合不追求高收益、拥有大额长期闲置资金投资者。由此可见，在这类模式下，借贷平台仅仅是为借款人和投资方提供牵线搭桥的场所。

（2）不承诺保障本息的纯线上模式。不承诺保障本息的纯线上模式与线下债权众筹模式稍有差别，在这种模式下，借贷业务相关手续和交易程序均在线上完成，借贷平台为借款方和出资方提供信息沟通交流的平台，有时还会利用其积累的数据对借款人进行信用评级，以方便借贷双方确定借款利息，但平

---

〔1〕 孙学立："我国 P2P 借贷模式及其监管问题"，载《新金融》2014 年第 6 期。

台并不保障投资者的本金和利息安全,所有风险均由投资者自行承担。因此,相对而言,纯线上模式的风险更高,一般要求投资者具备较高的风险承受能力和一定的投资经验,获得的利息通常也会偏高。

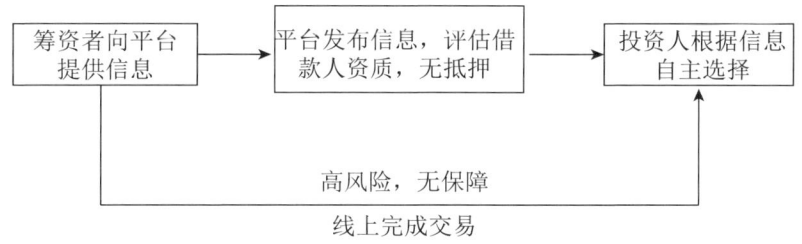

图1-4 线上债权众筹运行模式流程图

纯线上模式的典型代表是"拍拍贷"。在这类模式下,借款方一般为个人,借款方在线上向借贷平台提出融资需求,借款人可以申请纯信用借款,也可以提供相应的抵押物申请抵押贷款。借贷平台作为中介机构提供纯线上服务,负责对借款人相关信息的真实性进行审核,并根据自己建立的信用体系对借款人的资质进行信用评价(有些平台还会根据信用评价结果提供参考利率标准),审核一旦通过便将借款信息在平台上公开。平台上的投资者会根据自身风险承受能力、期望收益和期限长短对项目进行筛选,一旦选中拟投资项目,即将借款资金交于平台委托的第三方支付机构进行托管,待债权众筹项目成功后,第三方托管机构再将收集到的资金按照约定划拨给借款人。借款到期后,借款人按照合约规定将本金和约定的利息及时划拨给第三方托管机构,再由其将资金支付给投资人,进行本金偿还和利息支付。这类借贷平台一般只承担信息沟通交流和资金划转功能,并不对贷款违约风险负责。因此,这类债权众筹坏账率较多，风险较高，不适合初入门的网贷新手。

（3）承诺保障本息的线上线下结合模式。承诺保障本息的线上线下结合模式也被称为小贷担保模式。在这种模式下，借贷平台对借贷业务具有一定程度的参与，不仅提供一般平台的信息服务功能，还会分担一定风险，对借款人提供一定程度的担保。该模式最常见的运作流程为：借款人向借贷平台提出借款申请，借贷平台一般会要求借款人提供一定的抵押物，为其借款进行担保，平台负责对抵押物进行审核和估值，获得足额抵押物后，再将借贷项目信息在平台上进行发布。平台上聚集了众多经过认证的合格投资人，投资人通过众筹平台浏览项目信息，并选择其感兴趣的项目进行投资。为了吸引投资人的关注，降低投资人对风险的顾虑，这类借贷平台会利用其获得的抵押物对贷款本息进行担保。一旦发生风险，借贷平台通常会对出资方的本金进行先期偿付。

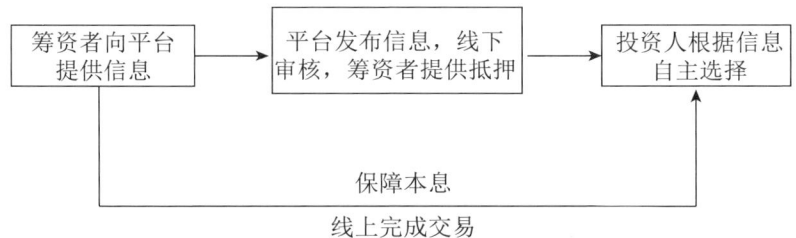

图 1-5　线上线下结合债权众筹运行模式流程图

线上线下结合债权众筹模式的典型代表为"合时代"。"合时代 P2P 网络借贷平台"采用"线下核审、线上融资"方式开展业务，将线下严格的风险体系与线上高效撮合的交易流程很好地结合起来。"合时代"对借贷项目的风险控制比较严格，要求借贷方必须出具足额的抵押物为其借款进行担保。因此，"合时代"上的借款方一般为具备一定资产的中小微企业,"合时代"借贷平台承诺一旦发生贷款违约风险,将由"平台本身"或者"与之合作的担保机构"先行向出资方垫付本金,然后,再由平台负责向借款人催款。由此可见,在这类模式下,投资人的入门门槛较低,投资周转比较灵活,具有一定的风险担保和安全保障,适合追求稳定收益、闲置资金不多或者初入门的投资者。

4. 股权众筹

股权众筹是指融资者通过股权众筹平台,以非公开发行方式进行的股权融资活动。2014年,中国证券业协会发布的《私募股权众筹融资管理办法》规定,股权众筹平台是指通过互联网平台(包括互联网网站或其他类似电子媒介)为股权众筹投融资双方提供信息发布、需求对接、协助资金划转等相关服务的中介机构。该机构应当在当地证券业协会备案登记,并申请成为证券业协会会员。股权众筹项目的发起人主要为中小微企业,并且规定融资者不得通过公开途径或以变相公开方式发行证券,只能向特定对象发行,融资企业的股东累计不得超过200人。这种融资方式通常用于初创企业或小微企业的开始阶段,适合成长性较高的行业,目前在软件、网络公司、创意产业中应用较为广泛。

第二节 股权众筹的界定

一、股权众筹的概念及特征

股权众筹是指以股权作为投融资介质,项目发起人利用股权众筹平台向特定投资人出让一部分原始股,从而募集项目运作所需资金的一种融资行为,该融资属于非公开发行方式。股权众筹作为众筹的一种重要形式,主要有以下四个基本特点:

第一，与传统融资渠道相比，股权众筹能更为有效地降低投融资双方的信息不对称性。传统银行信贷模式下，投融资双方以间接链接为主，存在融资方与中介机构、投资方与中介机构、中介机构与代理机构之间的多点链接，从而导致中间环节过多、链条过长，在信息传导过程中容易出现信息损耗、信息不对称等现象。股权众筹基于互联网平台构建了投融资双方形式多样、实时互动、快捷便利的信息传播途径。一方面，投资者可以很方便地在股权众筹平台上获得项目相关信息，一旦发现自己感兴趣的项目，还可以利用互联网平台与筹资方进行互动交流，增强对项目的理解，进而匹配自己的投资领域、投资兴趣和投资金额；另一方面，项目发起人可以利用便捷的互动交流平台直接向目标投资者展示、说明、解释项目关键信息，甚至可以根据投资者的建议对其产品和服务进行修正，从而大幅降低双方信息不对称程度。

第二，互联网技术的使用为股权众筹项目风控体系建设提供了便利手段，有助于提高股权众筹平台的服务水平。传统银行信贷模式主要关注贷款的前端风险控制，由于缺乏有效的信息跟踪技术，经常出现贷款前审查比较严格，过程中和过程后的风控较弱等现象。股权众筹利用互联网技术、大数据和云处理等手段有可能实现投资前、投资中和投资后的全过程风险控制。如在投资前，由股权众筹平台对项目发起人提供的相关信息进行审核，并在互联网平台上进行公示；利用领投人的专业能力为普通投资者辨识项目风险、判断项目价值提供帮助；投资中和投资后可以利用专业机构和大数据进行风险监控和预警，必要时可以利用互联网将违约的筹资人拉入黑名单，并且，在股权众筹中，投资者能够亲身经历项目成长的整个过程，并提供外源技术上的帮助，增强投资者对项目的认同感。

第一章　股权众筹概述

第三，股权众筹能够起到很好的风险分散作用。股权众筹的筹资方多为小微初创企业，单笔融资规模一般都不会很大，这些企业因为自身资质、抵押品不足、财务和业绩表现不达标等原因在传统融资途径中很难获得资金支持，或者筹资成本比较高。股权众筹的投资门槛较低，投资方多为经过众筹平台论证的普通投资者，单笔投资金额不会很大，但投资的人数相对较多，一个项目通常有众多跟投人，能够起到很好的风险分散作用。众多投资者可与创业者共同承担初创企业面临的各种风险，可以直接减轻每个投资者可能面对的投资失败冲击，很大程度上降低了单个投资主体承担的风险压力，真正体现大众参与、风险分担、共享收益的普惠金融实质。

第四，股权众筹比较适合创新性较强的高成长性行业。筹资者必须将自己的创意通过图纸、样品或商业计划书等形式展示出来，才有可能通过平台的审核。由于众筹平台上展示的项目众多，要在众多项目中脱颖而出，吸引投资者的目光，必须展现出较好的成长性，而创新性是未来高速成长的核心要素。因此，创新型较强、具备高成长潜力的项目更受股权众筹投资者的青睐。

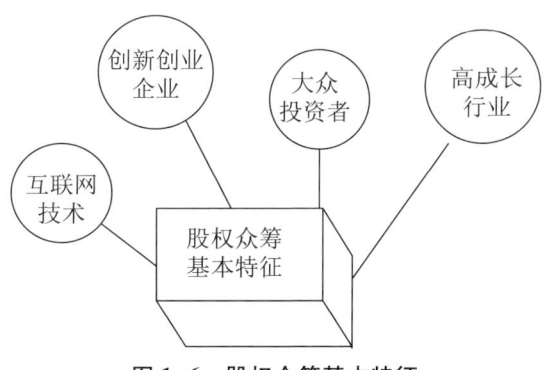

图 1-6　股权众筹基本特征

二、股权众筹的类型

根据股权众筹的运作方式不同,可以将其分为凭证式、会籍式和天使式三大模式,具体如下:

1. 凭证式众筹

凭证式众筹是指在互联网平台上将凭证与股权捆绑出售进行资金募集,出资人付出资金取得相关凭证,该凭证又直接与创业企业或项目的股权挂钩,但投资者不成为股东,也不能参与公司具体事务的一种众筹方式。

2013年3月,一个植物护肤品牌"花草事"高调在淘宝网上公开销售自己公司的原始股。花草事品牌对公司未来1年的销售收入和品牌知名度进行估值并拆分为2000万股,每股作价1.8元,100股起开始认购,计划通过网络私募200万股。股份以会员卡形式出售,每张会员卡面值人民币180元,每购买1张会员卡赠送股份100股,自然人每人最多认购100张。在"花草事"之前不久,"美微传媒"也采用了大致相同的模式,都是出资人购买会员卡,公司附赠相应的原始股份,这类众筹模式在法律上存在一定的障碍,虽然最终都以失败告终,但却一度在业内引起了轩然大波。

2. 会籍式众筹

会籍式众筹主要是指在互联网上通过熟人介绍,出资人付出资金,直接成为被投资企业的股东,但出资人一般不参与企业日常经营,只享有一定的会员权利。会籍式众筹单个投资者投资金额一般都不大,对投资收益关注度也不高,参与的主要目的是通过这种方式获得一定的人脉资源,形成"融资、融圈子、融人脉"的效果,这类众筹国内成功案例当属3W咖啡馆。

2011年8月,许单单、马德龙、鲍春华三位创始人以股权众筹模式创建了国内首家基于互联网思维的 3W 咖啡馆。3W 咖啡馆采用股权众筹模式向社会公众募集资金，方案设定每位股东需要且只能购买 10 股，每股 6000 元，相当于一个投资人投资金额固定为 6 万元，但投资人必须是互联网行业、投资领域的知名人士。3W 咖啡馆有一个豪华的投资团队，部分知名投资人包括：清华企业家协会会长、投资人杨向阳，红杉中国创始人沈南鹏，原腾讯 COO、天使投资人曾李青，新东方联合创始人徐小平，拉卡拉董事长孙陶然，去哪儿 CEO 庄辰超，腾讯副总裁兼腾讯视频总经理刘春宁，淘米网 COO 程云鹏，珍品网创始人、学而思创始人曹允东，五星汇董事长、携程创始人之一王胜利，PPLIVE 副总裁张坤，迅雷副董事长程浩，北极光创投合伙人姜皓天，险峰华兴创始合伙人陈科屹，《创业家》社长牛文文，世纪佳缘 CTO 肖彬，清科创投副总裁叶滨，品聚网创始人葛斌斌，百度创始人之一王啸，热酷游戏总经理刘勇等。股东可以终身享受 3W 咖啡馆七折服务，更为重要的是，股东们可定期参与 3W 咖啡馆组织的一系列创客活动。

由此可见，3W 咖啡馆的运作并不在于咖啡馆的运营是否能够盈利，而是在于营造一个互联网行业和投融资领域的顶级人脉圈，从衍生的创投项目中获得回报。投资方案中设定每人固定投资额为 6 万元也是基于这方面的考虑。6 万元对于这些股东而言并不是什么大数目，他们不太会关注区区 6 万元投资的本金以及是否能够分红，这能够减少 3W 咖啡馆在营运方面的压力，使创始人能将更多精力用于组织创客活动。3W 咖啡馆创始人更为重要的任务是运作好相关创投活动，为大家创造良好的投资合作机会和氛围，促进股东之间的交流合作，为富有创意的年轻人和创业者之间进行经验分享和沟通交流搭建平台。

3. 天使式众筹

与凭证式、会籍式众筹不同，天使式众筹更接近天使投资或风险投资（VC，Venture Capital）的运作模式，出资人通过股权众筹平台寻找合适的投资项目或初创企业，选中感兴趣的企业之后，投融资双方进行洽谈，投资方付出资金后获得该企业一定比例的股权，直接或间接成为该公司的股东。在天使式众筹模式下，投资方主要关注投资收益，并不想参与公司的日常运营，因此，该模式往往伴有明确的财务回报要求，并会在投资之前要求项目发起人建立合适的退出机制。

以大家投网站为例，假设某个创业企业需要融资100万元，出让20%的股份，在网站上发布相关信息后，A做领投人，出资50万元，B、C、D、E、F做跟投人，分别出资20、10、10、5、5万元。凑满融资额度后，所有出资人就按照各自出资比例占有创业公司20%股份，即A占公司总股本的10%，B、C、D、E、F分别占公司总股本的4%、2%、2%、1%和1%。一旦达成协议，马上转入线下办理相关业务，具体包括有限合伙企业成立、投资协议签订、工商股权变更等级手续等。至此，该项目融资计划就算完成了。

确切地说，天使式众筹应该是股权众筹模式的典型代表，它与现实生活中的天使投资、风险投资基本类似，除了在募资环节上通过互联网完成外，本质上并没有多大区别。但是，互联网平台给诸多潜在的普通出资人提供了投资机会，再加上对出资人几乎不设门槛，所以这种模式又有"全民天使"之称。

天使式股权众筹运作一般比较规范，有着比较严格的程序，主要涉及项目发起人、项目投资人以及股权众筹平台三方。项目发起人（又称筹资方）是指那些有创新能力、创新技术和创意项目，但是缺乏资金的个人或团队，他们参与众筹的主要目的是想获得资金用以支持项目开发。项目支持者（又称投资方）是指那些对发起人的项目创意或回报感兴趣并愿意给予资金支持的个人或团体，也是融资过程中的资金提供方。他们参与众筹的主要目的是通过获得初创企业股权、扶持初创企业快速发展壮大，并从中获取高额回报。众筹平台是连接项目发起人与项目投资人的第三方机构，在融资过程中承担着中介和桥梁的作用。

在股权众筹融资过程中，项目发起人通过视频、图像、概念产品等在众筹平台上进行项目宣传和展示，详细介绍项目特点、产品功能、目标群体、预期市场规模及盈利能力等相关信息，以吸引投资者的兴趣和关注，与此同时，设定融资数额、融资期限和回报方式等内容，并向众筹平台申请公布项目融资信息。众筹平台在收到融资项目申请后，对项目内容、项目发起人和项目团队等信息进行审核，评估申请信息的真实性、完整性以及项目可行性，通过审核的项目将在平台上进行展示。投资人通过众筹平台可以浏览融资项目信息，并根据自身兴趣、爱好及风险偏好等进行决策，还可以针对感兴趣的项目咨询或约谈发起者。一旦投资人确定进行投资，就需按照众筹平台的指导在网上完成出资工作。平台在收到投资人出资后，在筹资期限内对所筹集资金进行日常管理，有些众筹平台会将所筹集资金存放于独立的第三方存管机构。

筹资期结束后，一旦项目筹资额达到或超过预先设定的融资阈值，即表示项目众筹成功，众筹平台或第三方机构会将扣除佣金及服务费后剩余的资金划转给项目发起人，项目发起人获得项目运作所需资金，并将股权划转给投资人；若项目实际筹资额小于预先设定的融资阈值，表示项目众筹失败，众筹平台或第三方机构将所筹集资金返还给投资人，此时不收取任何佣金及服务费。筹资结束后，众筹平台需对项目实施进度和资金使用等情况进行监督，项目发起人也有义务定期向投资者披露项目实施情况等，项目发起人与投资人两者之间的沟通、交流有助于项目的顺利实施和风险控制。在项目完成之后，项目发起人按合同约定为投资人提供相应的回报。

三、股权众筹的运作流程

与捐赠众筹、奖励众筹和债券众筹相比，股权众筹的运作流程比较复杂，具体如图1-7所示：

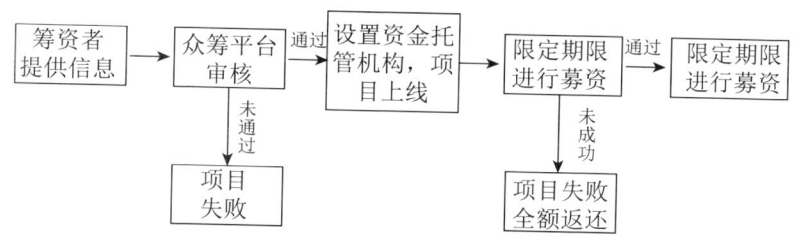

图1-7　股权众筹运行流程图

第一步，项目发起人向众筹平台提交项目相关信息，具体包括产品和服务内容介绍、核心技术、项目的特色和优势、项目团队、所需资金和出让股份等。

第二步，众筹平台对项目发起人提交信息的真实有效性进行审核，一旦审核通过即将项目相关信息在平台上进行发布。如果发现存在信息不充分、虚假失真等情况，平台可以根据具体情况要求项目发起人补充相关信息后再重新提交。一旦发现项目发起人提交信息严重失真，可以拒绝其筹资申请，项目众筹即失败。

第三步，股权众筹平台上聚集了一批经过认证的合格投资人，投资人可以在众筹平台上浏览相关项目信息，并寻找自己

第一章　股权众筹概述

感兴趣的投资项目。

第四步，一旦发现感兴趣的项目，合格投资人可以通过众筹互动平台、领投人发布的相关信息[1]或者直接与项目发起人线下沟通等方式深入了解项目的具体情况，评估投资价值和投资风险，并做出投资决策。

第五步，项目发起人可以自行选择是否设定融资阈值。对于设定了融资阈值的项目，如果筹资期限内达到或超过预先设定的目标金额，股权众筹即成功，投资人划拨资金，项目发起人办理股权转让手续。如果筹资期限内没有达到预先设定的目标金额，股权众筹即失败，筹集到的资金将全部返还给投资人。对于没有设定融资阈值的项目，不论筹资金额为多少，募集资金都将划拨给发起人用于支持项目运作，项目发起人按照实际募集到的资金转让相应股份。为了保障投资者的资金安全，股权众筹的主体架构除了融资人、投资人、股权众筹平台外，多数还具有资金托管机构，[2]按照约定对投资人的资金进行托管和划转。

第三节　股权众筹的发展历程

股权众筹起始于2012年美国颁布的《JOBS法案》。次贷危机之后，美国金融机构的信贷开始紧缩，对个人和小微企业的融资规模及融资渠道逐渐收窄，在资本市场上，公开发行和非公开发行的融资规模都在下降，与小微企业成长所需的资本支

---

[1] 如果股权众筹项目采用"领投+跟投"机制运作，项目领投人有职责对发起项目进行尽职调查，并将尽职调查报告和相关信息在众筹平台上向广大潜在投资者发布。

[2] 邱勋、陈月波："股权众筹：融资模式、价值与风险监管"，载《新金融》2014年第9期。

持渐行渐远。为了给本国小微企业提供更好的资本环境，吸引更多国外企业和投资者到美国投资，2012年3月，美国国会通过了《初创期企业推动法案》（以下简称"JOBS"法案）。JOBS法案正式将股权众筹融资合法化，在小微企业私募、小额众筹发行等方面进行了比较大的改革，为小微企业拓宽融资途径、吸引投资者关注并获得初创资金支持提供了良好的法律法规环境，为改善当前美国经济环境起到很好的促进作用。JOBS法案第三部分对众筹融资模式作出了明确规定，提出创业公司和创业家只要满足一定豁免注册条件就可以通过互联网向经过认证的合格投资者进行股权筹资。为了保护投资者的利益，防止部分企业利用股权众筹在网络平台上过度筹资，甚至欺诈投资者等现象发生，JOBS法案还规定筹资者每年通过网络平台募集的资金总额不能超过100万美元，单个项目投资人数上限设定为500人。

此外，JOBS法案针对众筹融资中筹资者、提供服务的中介机构和投资者也提出了相应要求。对于筹资者，JOBS法案要求其必须在SEC备案并按照相关要求向SEC、投资者和中介机构披露相关信息，包括项目的详细描述、产品与服务、发行目标总额、发行期限、发行价格、管理团队信息等，各类融资项目需要披露的财务信息根据融资目标而有所不同。另外，筹资者不得通过广告、电视、媒体等公开途径来宣传发行，但可以通过中介机构的网络平台向投资者发出邀约通知。对于中介机构，JOBS法案要求其必须在SEC注册为经纪人或资金门户，并且要求在被认可的一家自律性协会进行登记，以确保中介行为接受协会组织的监督和约束。中介机构还必须对SEC及潜在投资者充分揭示众筹融资中蕴藏的各类风险，进行投资者风险警示和风险教育，不允许发生向投资者隐瞒投资风险以及误导投资行为等现象。在股权众筹融资没有达到预定融资额时，中介机构不得将所筹资金提供给筹资者，在整个众筹融资过程中必须保证投资者数量没有超过 JOBS 法案的限制，并对投资者隐私进行保护。对于投资者，JOBS 法案要求其必须符合特定出资人条件，即个人净资产超过 100 万美元或连续三年每年收入超过 20 万美元的投资者可以申请成为认证投资人，认证投资人的项目投资额度上限为 10 万美元或其年收入的 5%，非认证投资人的投资额度上限为 2000 美元或其年收入的 5%。

相对于美国而言，我国股权众筹起步较晚，以 2011 年"天使汇"的成立为起点开始进行股权众筹方面的探索，各类股权众筹平台也开始出现。2014 年被称为中国众筹"元年"。同年 5 月 22 日，全球众筹峰会在北京召开，股权众筹更是成为全场关注的焦点。2014 年 12 月 18 日，中国证券业协会发布《私募股权众筹融资管理办法（试行）（征求意见稿）》（以下简称《征求意见稿》），首次明确了股权众筹的法律地位，将股权众筹定性为非公开发行，并制定了配套的市场准入规则和合格投资者范围。《征求意见稿》指出，股权众筹融资是指融资者通过股权众筹平台以非公开发行方式进行的股权融资活动，投资者必须是经股权众筹平台核实的符合规定条件的实名注册用户，每个融资项目的投资者人数累计不得超过 200 人，且股权众筹平台和融资方不得通过广告、电视、媒体、报纸等公开途径进行宣传、推介或劝诱。股权众筹平台方面作为向投融资双方提供信息发布、资金需求对接、协助资金划转等相关服务的中介机构，其身份应当为中国证券业协会会员，其净资产不得低于 500 万元、拥有一定数量的专业人才和技术设施，并对中介机构实行备案管理登记。《征求意见稿》要求股权众筹平台对募集期资金设立专户管理，但没有对委托存放资金的独立第三方资金存管机构作出直接规定。《征求意见稿》对于融资方的规定也较为宽松，不设置融资限额，只是规定"融资者不得同一时间通过两个或两个以上的股权众筹平台就同一项目进行融资"。

2015年7月，人民银行等十部门联合发布了《关于促进互联网金融健康发展的指导意见》（以下简称《指导意见》），从金融业健康发展全局出发，进一步推进金融改革创新和对外开放，促进互联网金融健康发展。《指导意见》对股权众筹融资进行了定义，即股权众筹融资主要是指通过互联网形式进行公开小额股权融资的活动。股权众筹融资必须通过股权众筹融资中介机构平台（包括互联网网站或其他类似的电子媒介）进行，股权众筹融资中介机构可以在符合法律法规规定前提下，对业务模式进行创新探索，发挥股权众筹融资作为多层次资本市场有机组成部分的作用，更好地服务于创新创业企业。股权众筹融资方应为小微企业，应通过股权众筹融资中介机构向投资人如实披露企业的商业模式、经营管理、财务、资金使用等方面的关键信息，不得误导或欺诈投资者。投资者应当充分了解股权众筹融资活动存在的风险，具备相应的风险承受能力，根据自身情况进行小额投资。此外，该指导意见明确了股权众筹融资业务由证监会负责监管。

2016年10月，证监会等15部门联合公布了《股权众筹风险专项整治工作实施方案》，将互联网股权融资活动纳入整治范围，重点整治互联网股权融资平台（以下简称"平台"）以"股权众筹"等名义从事股权融资业务，以"股权众筹"名义募集私募股权投资基金，平台上的融资者擅自公开或者变相公开发行股票，平台通过虚构或夸大平台实力、融资项目信息和回报等方法进行虚假宣传，平台上的项目发起人欺诈发行股票等金融产品，平台及其工作人员挪用或占用投资者资金，平台和房地产开发企业、房地产中介机构以"股权众筹"名义从事非法集资活动,证券公司、基金公司和期货公司等持牌金融机构与互联网企业合作违法违规开展业务等八类问题。该方案明确证监会是股权众筹风险专项整治工作的牵头部门,负责指导、协调、督促开展专项整治工作。各省级人民政府负责组织开展本地区专项整治。在省级人民政府统一领导下,省金融办(局)与证监会派出机构共同牵头负责本地区整治工作,共同承担整治任务。

各类监管指引政策的推出对于规范股权众筹行业的健康发展有着重要作用。随着众筹行业相关法律法规的不断完善,国内股权众筹平台的数量不断增多,公众对参与股权众筹融资项目的热情和关注度也越来越高。融360统计数据显示:截至2015年底,全国正常运营的众筹平台达303家,股权类众筹平台数量达121家,占全国总运营平台数量的39.93%,其次为产品众筹平台为104家,纯公益众筹平台最少,仅有5家,2015年新增股权众筹类平台60家。零壹研究院数据中心的统计显示:截至2016年10月31日,在正常运营的348家平台中,涉及股权众筹业务(含混合型,下同)的有171家,占比49.1%;涉及产品众筹业务的有101家,占比29.0%。可见,我国股权众筹正处于飞速发展阶段。

第二章 我国股权众筹发展现状及存在的问题

与西方国家相比,我国股权众筹虽然起步较晚却发展迅速,并且呈现出"融资与获得人脉和相关资源相结合"的独有特色,已经成为小微初创企业获得初始资金支持的重要途径之一。目前,许多股权众筹平台都成了风险投资、天使投资寻找投资项目的主要来源。本章将详细介绍我国股权众筹的发展背景和发展现状,并对其中存在的问题以及未来发展趋势进行探讨和分析。

第一节 我国股权众筹发展现状

一、我国股权众筹的发展背景

自 2014 年 2 月 18 日中国证券业协会颁布《私募股权众筹融资管理办法(试行)(征求意见稿)》以来,股权众筹在我国开始迅猛发展,融资规模和众筹平台呈现爆发式增长态势。这与当前我国小微企业融资途径缺乏、互联网技术对金融行业带来深度冲击和变革等背景密切相关。

第二章 我国股权众筹发展现状及存在的问题

1. 我国小微企业融资困境

一直以来，传统银行对中小微企业的信贷配给[1]在各国普遍存在，中小微企业的融资困境也成为各国资本市场亟待解决的难题。以我国2014年的新增融资为例，传统融资途径（包括企业债券、银行贷款、信托贷款、小额贷款、非金融企业股票融资等）90%以上的资金均提供给规模以上企业，中小企业（尤其是小微企业）很难从传统融资渠道获得资金支持，具体数据如表2-1所示：

表2-1 2014年我国新增融资情况统计[2]

融资方式	新增融资额（亿元）	目标客户
企业债券	24 253	央企、国企、国有控股企业
银行贷款	97 816	规模以上企业（2013年银行对大中型企业贷款占比72.8%）
信托贷款	5174	具有一定还款能力和还款来源，平均单笔融资规模在1.6亿元的企业
小额贷款	1228	具有良好的财务状况和经营状况，有一定担保或抵押物的企业
非金融企业股票融资	430	三年净利润累计超过3000万元，经营活动产生的现金流量净额超过5000万元或营业收入累计超过3亿元的企业

---

[1] 所谓信贷配给，是指在固定利率条件下，面对超额的资金需求，银行因无法或不愿提高利率而采取一些非利率的贷款条件，使部分资金需求者退出银行借款市场，以消除超额需求而达到平衡。

[2] 来自方正证券研究所。

我国股权众筹运作机制设计问题研究

小微企业的融资困境与其自身发展特征密切相关,主要体现在"经营相对不稳定,缺乏足值、有效的抵押品,财务体系不完善、财务数据缺乏,自身风险较高、在传统信用评价体系中征信不足"等方面。

通常来讲,小微企业是小型企业、微型企业、家庭作坊式企业、个体工商户的统称。在我国,小微企业数量庞大,是我国经济社会发展和创新的新动力,也是国民经济的重要支柱之一,对于我国经济持续稳定增长具有较大的促进作用。原国家工商总局于2014年发布的《全国小微企业发展报告》显示,截至2013年底,全国各类企业总数为1527.84万户。其中,小微企业共1169.87万户,占企业总数的76.57%。若将4436.29万户个体工商户视作微型企业纳入统计,则小微企业在工商登记注册的市场主体中所占比重达到94.15%,小微企业已经成为我国市场主体的绝对多数。

与此同时,我国中小微企业创造的最终产品和服务在国民生产总值中已占据重要份额。《全国小微企业发展报告》显示,2013年,我国中小微企业创造的最终产品和服务价值相当于国内生产总值总量的60%,纳税占国家税收总额的50%,中小微型企业完成了65%的发明专利和80%以上的新产品开发,在推动经济增长方面发挥着不可替代的作用,已经成为我国企业创新、经济持续增长的动力和基础。此外,小微企业解决了我国1.5亿人口的就业问题,新增就业和再就业的70%以上集中在小微企业,小微企业已成为吸纳社会就业的主要渠道。由此可见,小微企业已经成为我国市场经济中最具活力的组成部分,是我国市场经济发展的重要力量,小微企业的健康可持续发展不仅能够推动国家战略新兴产业的发展,还能够提高我国自主创新能力和水平。

第二章　我国股权众筹发展现状及存在的问题

然而,当前我国小微企业的发展遇到很多瓶颈和障碍,其中,"融资难、融资贵"已经成为抑制小微企业发展的最大瓶颈,受到社会各界的普遍关注。小微企业"融资难、融资贵"的问题首先是由其自身特点决定的,突出体现在小微企业自身风险较高等方面。小微企业在不同生命周期阶段,因发展状况不同导致对资金的需求量也不同,初创期作为小微企业生命周期的第一个阶段,融资难的问题表现最为突出。[1] 初创期企业规模较小、研发风险大、市场前景不明朗、抵押担保能力不足等原因使得小微企业很难在这一阶段获批银行贷款,大多依靠自由资金辛苦维持,一旦企业自有资金不足或者是不能够及时解决资金需求问题,就会面临破产、倒闭或者被收购的风险。

此外,抵押品不足、财务数据缺乏、诚信度不足也是导致小微企业融资面临重重困难的主要自身原因。在实际操作中,银行等金融机构放贷往往需要企业提供足额资产作为抵押物,多数小微企业在经营初期由于资金不足往往采用租赁方式解决办公场地和厂房问题,因此,缺乏具有抵押功能的不动产,从而很难满足银行信贷在抵押品方面的严格要求。多数小微企业在创业初期管理(尤其是财务管理)等方面水平较低,缺乏比较完善的财务制度,财务数据的采集也不够规范从而导致其无法向银行提供可供调查的财务报表,或者财务指标达不到银行贷款要求的标准。部分小微企业为了获得银行贷款,甚至隐匿不利其发展的信息,提供虚假财务报表,或是在取得贷款后擅自改变贷款用途,这些情况都会增加银行在信贷审核和贷后管理工作的难度,最终使得银行不愿意给小微企业放贷,表现出信贷配给现象,加大小微企业获得银行贷款的难度。

---

[1] 潘永明、王晓丽:"基于生命周期的科技型小微企业融资问题研究",载《企业经济》2014年第8期。

传统融资渠道支持力度不够也是造成我国小微企业"融资难、融资贵"的主要原因之一。现有金融体系主要围绕大中型企业设计金融产品和相关服务,针对小微企业推出的金融产品和金融服务非常少。由于银行信贷属于低成本、便捷的融资途径,因此是众多企业的首选融资方式,资金的稀缺性使得银行拥有众多选择,为了规避信贷风险、提高信贷效率、减少后期跟踪和监督的难度,银行倾向于将有限资金投放给信用评价较高、抵押品充足的大中型企业,规避风险较高、资金需求量不大的小微企业。从当前实际情况来看,大多数小微企业融资首选银行贷款,然而,真正能满足银行设定的信贷条件,拿到银行贷款的小微企业屈指可数,有些即使拿到贷款,大多都为短期贷款,而且金额远远小于企业实际需求。[1]由此可见,我国传统银行融资渠道对于小微企业的支持力度明显不足,小微企业很难从银行信贷渠道获得低成本资金支持。

股权众筹作为依托网络平台和民间大众资本的融资模式,成了解决小微企业"融资难、融资贵"等问题的重要途径之一。一方面,该模式将风险承受能力较强的广大个人和机构投资者引入到企业初创期投资,用民间资本弥补传统信贷资金的不足;另一方面,互联网技术的使用有利于减少初创企业投融资双方的信息不对称程度,甚至吸引广大投资者对研发期产品、服务进行关注和探讨,由于参与探讨的投资者很有可能就是对公司产品和服务关注度较高的潜在消费者,与其进行充分的前期探讨和互动交流能够使产品在设计层面更加贴近市场需求,从而培育忠实客户群体、增加项目成功的可能性。另外,股权众筹可以充分利用互联网技术的传播效应进行宣传和推介,使产品

---

[1] 赵凌云:"小微企业融资难问题研究",载《财税统计》2014年第5期。

在设计初期就能博得广大潜在消费群体的关注，提高产品的市场认可度，为产品的市场推广奠定良好基础。

2. 互联网技术对金融行业带来的影响

第一，互联网技术对各行各业带来巨大冲击和影响。互联网技术自20世纪90年代进入商用阶段以来，在各行各业得到迅速拓展和广泛应用，已经成为当今世界推动经济发展和社会进步的重要信息基础设施。经过短短二十几年的发展，互联网迅速渗透到经济与社会活动的各个领域，推动了全球信息化进程。互联网技术的迅速发展对各行各业均产生了一定的影响，其中传统零售业、手机制造业等是受到冲击最厉害的行业。

电子商务的产生和崛起是互联网技术对传统零售业形成冲击的典型代表。在我国，以阿里巴巴为代表的综合性电子商务平台经过多年的发展已经不断壮大，其业务模式包含B2B、B2C和C2C，现已基本覆盖了线下商业模式。艾瑞咨询统计数据显示：2015年，中国网络购物市场交易规模达3.8万亿元，同比增长36.2%。根据国家统计局发布的数据显示，2015年，我国社会消费品零售总额达到30.1万亿元，网络购物在社会消费品零售总额中的占比为12.6%，较2014年提高2%。互联网技术的普及、网民数量的增长、居民购买力的不断提升以及网络购物习惯逐渐被广大网民所接受为网络购物奠定了坚实基础，促进网购市场的繁荣发展。

此外，智能手机的普及也为网络购物市场的发展作出了一定贡献。中国互联网络信息中心（CNNIC）在京发布的第38次《中国互联网络发展状况统计报告》数据显示：截至2016年6月，我国网络购物用户规模达到4.48亿，较2015年底增加了3448万人，增长率为8.3%。与此同时，我国网络购物市场依然保持快速、稳健的增长趋势，其中，手机网络购物用户规模达到 4.01 亿，增长率为 18.0%，手机网络购物的使用比例由 54.8%提升至 61.0%。由此可见，移动支付、移动购物实现了手机端和 PC 端的应用互补，该趋势已经快速覆盖线下零售市场，为网络购物市场的拓展提供了新的途径。

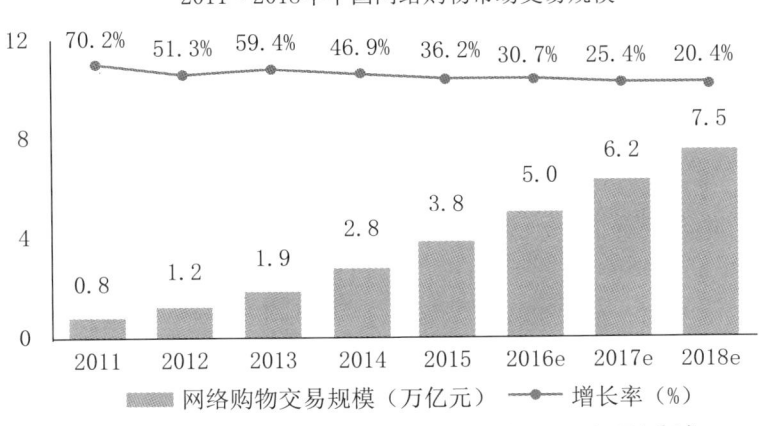

图 2-1 我国网络购物市场交易规模（单位：万亿元）[1]

第二，互联网技术为金融行业产品设计和业务开展带来深度变革。互联网技术对人们的生活和整个商业环境都带来深刻的影响，金融行业也不可避免地受到冲击。金融行业一直以来都是高度信息化的行业，较早普及并广泛应用互联网技术，随着互联网、大数据和云计算技术等的不断发展，互联网金融以其低成本、高效率的运作方式对传统金融机构形成了巨大冲击。一方面，互联网金融将大量业务流程搬到了互联网上，减少了实体网点的开办费用，大幅降低了交易成本；另一方面，互联网的应用不受时间和地点的限制，只要在互联网上，随时可以

---

[1] 艾瑞咨询 2015 年中国网络购物市场交易规模统计分析。

第二章 我国股权众筹发展现状及存在的问题

申请、办理业务,大幅提高了运作效率。与此同时,强大的数据收集、处理过程能够低成本地进行风险控制,由此打破了金融体系由少数机构垄断的局面。自 2013 年以来,新兴互联网企业的商业模式逐渐成熟,第三方支付等新兴互联网金融模式正逐渐蚕食传统金融的市场份额,并影响着银行、信贷、证券、保险等传统金融行业的业务和服务模式。

对银行业来说,互联网技术已深入支付结算和信贷这两项银行核心业务,银行为了增加客户黏性,应对互联网技术带来的挑战,也开始积极向电商、移动支付等领域布局,如建设银行推出的善融商务企业商城等。对证券业来说,互联网已成为券商和基金公司的新型营销和服务渠道,部分基金公司甚至通过自建电商平台或入驻其他电商平台来进行销售。对保险业来说,保险公司纷纷将在线销售纳入其重点发展领域,通过互联网向消费者销售各类保险产品,拓宽销售渠道,降低销售成本。

阿里巴巴于 2013 年 6 月 17 日正式上线的"余额宝"如投向消费市场的一枚重磅炸弹,不仅为淘宝、天猫买家提供了便捷的理财通道,更是为消费者提供了独特的消费体验。"余额宝"的实质是将基金公司的基金直销系统内置到支付宝网站中,用户将资金转入"余额宝",实际上是进行基金的购买,相应的资金则由基金公司负责管理。对于用户而言,购买"余额宝"的实际操作非常简便,用户只需把资金由支付宝转入"余额宝"就视为购买了该基金产品,只需把资金从"余额宝"中转出或是消费就视为完成赎回。"余额宝"设置的进入门槛比较低,用户可以用少量的钱来体验,可以通过网络便捷地查询每日收益情况,享受资金增值带来的满足感,这进一步加深了客户购买金融产品时的用户体验。"余额宝"的出现是互联网技术对金融行业的冲击下形成的又一创新模式,而传统金融行业尽管拥有大量的资源，却缺乏相应的互联网思维，使得互联网公司占据先机，从而掀起了互联网金融的浪潮。

3. 大众创业、万众创新促使股权众筹应运而生

随着"大众创业、万众创新""互联网+"以及"众创空间"等引领的第四次创业浪潮的兴起，股权众筹也开始进入创业者和投资人的视线。近年来，移动互联网、大数据、云计算等一系列技术的研发创新和推广应用为互联网金融奠定了坚实的发展基础，互联网金融进入井喷式发展阶段。在"大众创业，万众创新"国家政策的影响下，股权众筹开始不断升温，成了互联网金融的另一个"风口"，股权众筹亦为创业市场带来了一种新的融资渠道和融资方式。2011年"天使汇"的成立拉开了国内股权众筹行业序幕，经过4年的孕育和培养，股权众筹行业在2014年迎来了爆发式增长。2015年被誉为股权众筹"元年"，京东、阿里、360等行业巨头也纷纷开始布局股权众筹行业，导致该行业竞争更加激烈。

作为一种新兴的互联网金融模式，股权众筹门槛低、效率高、形式多样、参与性广，并且能够突破地域及渠道等融资限制，为解决小微企业融资困境提供了有效途径，同时也解决了中小投资者投资渠道过于匮乏、产品过于单一等问题。因此，其出现对于实体经济的发展发挥了重要作用。此外，股权众筹融资鼓励更多的投资者参与到其中，降低了投资门槛，形成了良好的投资氛围，有助于建立更好的金融秩序，降低整体社会金融风险，提高民间资金向产业资本转化的能力，优化金融生态环境，更好地建设多层次资本市场，使金融市场往更健康、规范的方向发展。

尽管目前我国股权众筹仍处在起步时期，但是发展前景广阔。当前，由于相关法律法规和监管机制还不是很完善，股权众筹在运作过程中还存在一系列风险漏洞，整体规模还不是很

大。《私募股权融资管理办法》的发布将逐渐引导私募股权阳光化,而股权众筹的合法地位也将逐步确立。相信在相关监管政策落地之后,我国会真正迎来股权众筹融资的"风口"。

二、我国股权众筹融资规模

1. 我国股权众筹融资总量情况

2015年我国股权众筹融资可监测金额在45亿元左右,整体规模估计在50亿~55亿元之间。其中,"京东东家"(京东私募股权众筹)自2015年3月上线以来,为70多个项目提供了超过7亿元融资,在股权众筹领域占据着行业龙头地位。"人人投"专注于实体店铺众筹,自创建以来发展迅猛,线上线下广告铺天盖地,于2015年促成融资4亿元左右。成立时间较早且业内知名度较高的"路演吧"和"创投圈"虽然未公布具体的众筹金额,但发展势头也非常强劲。"天使汇"主要从事线上众筹和线下财务顾问业务,于2015年撮合成交融资规模达1.4亿元。其中,线上交易规模约为0.14亿元,占总交易规模的10%左右。2015年,排名靠前的众筹平台及其交易规模如图2-2所示。

另外,约有40家股权众筹平台未在图2-2中列示,其年度融资总额约为6亿元。

2. 我国股权众筹融资项目情况

根据清科研究中心统计数据显示,截至2015年底,中国股权众筹平台累计成功众筹项目数达2338个。其中,2015年成功众筹项目1175个,占全部众筹项目数目的五成以上。股权众筹累计成功众筹金额近百亿元人民币。其中,2015年成功众筹金额43.74亿元人民币,接近全部众筹总量的一半。[1]

---

[1] 清科研究中心《2016年股权众筹报告》。

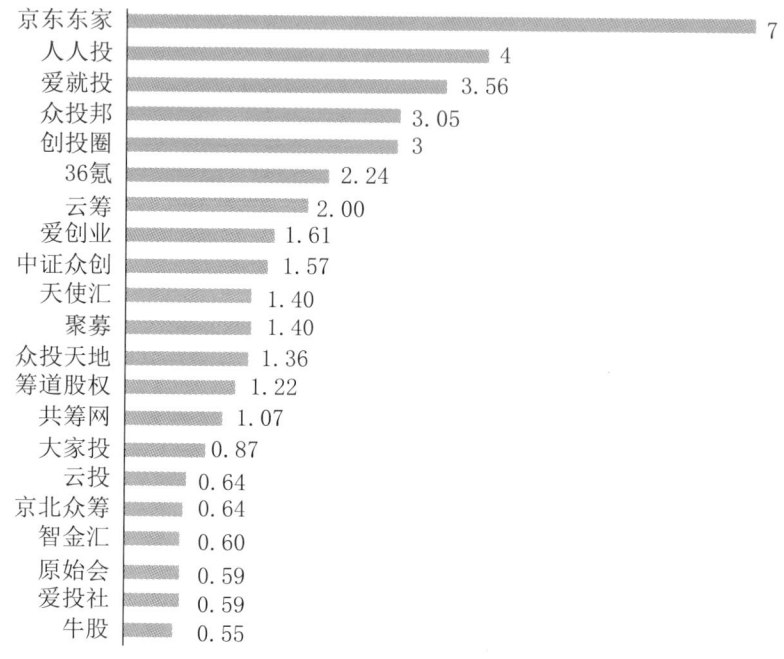

图2-2 股权众筹平台2015年度筹款金额对比（单位：亿元）[1]

从行业维度来看，股权众筹项目主要以移动互联、消费生活、智能硬件、生活服务为主，基本属于创新性比较强的行业。从众筹项目的受欢迎程度来看，在众筹平台上发布的吃喝玩乐等消费类项目更能吸引投资者，甚至出现"秒杀"的情况。一方面，由于生活消费类的项目更加贴近人们的生活，平台上的投资者可以更容易看懂项目内容，从而做出投资选择；另一方面，消费类项目经常将消费券或会员卡作为附赠礼品，更能吸引投资者的关注。因此，募资完成时间更短，众筹成功的概率更高，但这也从另一方面说明，虽然股权众筹平台上的投资者

[1] 清科研究中心《2016年股权众筹报告》。

都是满足《私募股权众筹融资管理办法（试行）》要求、经过平台认证的合格投资人，但其投资行为并不成熟，缺乏对筹资项目的专业分析和判断，与传统投资机构的专业人员相比，其专业能力存在一定差距。

一般情况下，在项目估值上，股权众筹平台上的投资者偏好定价低的项目，发起项目估值越低，参与众筹的投资者就越多，众筹融资成功率也就越高。从项目运作数据来看，众筹成功率与众筹平台之间有着密切联系，大型知名平台融资成功的概率较高，小型众筹平台成功率相对较低。由于各股权众筹平台之间的实力相差悬殊，有些小型众筹平台成立近一年，几乎都没有成功的众筹项目，但在大型知名众筹平台上，项目众筹的成功率会比较高，有些甚至在90%以上，如"天使汇""京东东家"和"36氪"等。"36氪"股权众筹成功率达到了97%，"京东东家"甚至少有众筹失败的项目。

清科观察《2016年股权众筹报告》统计数据显示：2015年股权众筹平台发布的项目主要集中于移动互联、消费生活、智能硬件和生活服务等行业。其中，移动互联类占比25.4%，消费生活类占比12.7%，智能硬件类占比11.9%，生活服务类占比7.5%，四类合计占比57.5%，远超其他行业项目。各行业众筹项目占比如图2-3所示。

从股权众筹成功项目的融资金额看，移动互联、消费生活、生物、娱乐传媒、智能硬件五类比较靠前，其中，移动互联类占比达21.7，消费生活占比达14.1%，生物类占比达13.3%，娱乐传媒类占比达13.1%，智能硬件类占比达10.2%，五类合计占比72.4%。由此可见，当前经济生活中的热点话题与老百姓日常生活相关的项目在股权众筹平台上容易受到投资者的追捧。各行业众筹成功项目融资金额占比如图2-4所示。

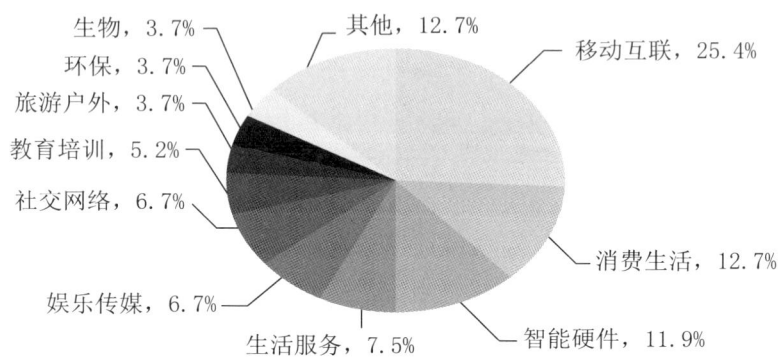

图 2-3　2015 年股权众筹项目行业占比[1]

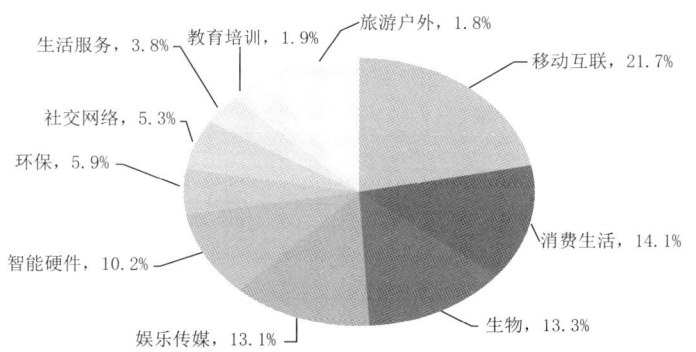

图 2-4　2015 年股权众筹平台成功众筹金额行业占比[2]

三、我国股权众筹平台发展现状

1. 我国股权众筹平台数量

据零壹研究院数据中心不完全统计数据显示,[3]2011~2015 年间,我国众筹平台数量得到快速发展,并呈爆发式增长

---

[1] 清科观察《2016 年股权众筹报告》。
[2] 清科观察《2016 年股权众筹报告》。
[3] 零壹研究院《2015 年中国互联网众筹年度报告》。

第二章 我国股权众筹发展现状及存在的问题

态势。2011年全国仅有4家众筹平台上线，2012年新增众筹平台11家，数量达到15家；2013年在此基础上又增加了25家，总数达到40家。2014年被称为"中国众筹元年"，众筹这一概念开始为社会各界所关注，众筹平台也如雨后春笋般出现，数量较2013年增加157家，涨幅达392.5%。2015年上线的众筹平台为168家，截至2015年12月31日，我国上线的互联网众筹平台（不含港台澳地区）至少有365家，增速趋缓为7.0%。2015年，众筹平台增速趋缓的主要原因在于：一方面，监管机构对于众筹行业的监管力度不断增强，相关法律法规不断完善，监管力度不断加强，从而导致新入场的众筹平台呈下降趋势。另一方面，众筹行业竞争加剧，导致部分众筹平台出现停运、倒闭或转型等现象。相关统计数据显示，截至2015年底，停运、倒闭或转型做其他业务的众筹平台数量至少有84家，约占平台总数的23.0%。2011~2015年众筹平台数量及增长趋势具体如图2-5所示：

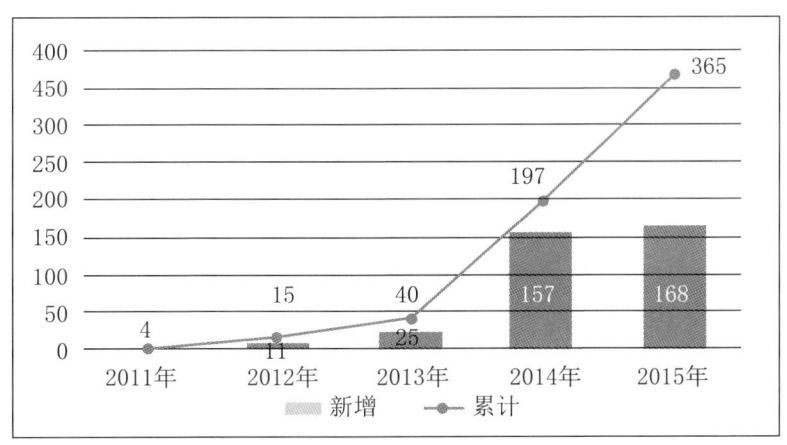

图2-5 2011~2015年我国互联网众筹平台数量情况[1]

---

[1] 零壹研究院《2015年中国互联网众筹年度报告》。

图 2-6 为 2014~2015 年期间我国众筹平台每月增长数量统计数据,从中可见,2014 年 7~11 月以及 2015 年 3~7 月是众筹平台的密集上线期,平均每月有接近 24 家众筹平台上线。自 2015 年 8 月后,新增众筹平台数量开始逐渐减少,其中,2015 年 10 月有 6 家众筹平台上线,11 月为 5 家,12 月仅观察到 1 家。

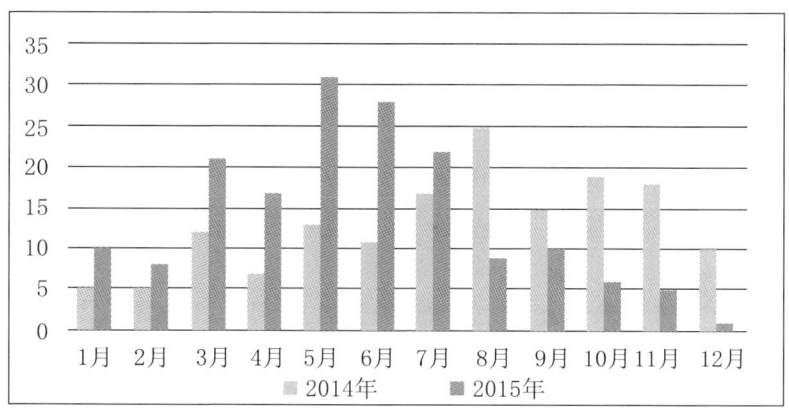

图 2-6　2014~2015 年各月新增平台数量走势[1]

股权众筹作为众筹融资的重要模式之一,被誉为互联网金融行业的最后一块处女地,股权众筹平台数量也呈现出快速发展势头。2011 年,"天使汇"的成立拉开了我国股权众筹行业发展序幕,经过 4 年的孕育和培养,股权众筹行业在 2014 年迎来了爆发式的增长。2015 年,京东、阿里、360 等行业巨头也纷纷着手在股权众筹行业布局,行业竞争态势更加激烈。

由此可见,2014 年和 2015 年是股权众筹平台密集布局时期。清科研究中心统计数据显示:截至 2015 年底,中国股权众筹平台数量已有 141 家,其中 2014 年和 2015 年上线的平台数分

---

[1]　零壹研究院《2015 年中国互联网众筹年度报告》。

别有 50 家和 84 家，占全部股权众筹平台数的 35.5% 和 59.6%。2015 年，京东和阿里巴巴的入局在众筹行业引起强反响，两家公司依托各自的电商业务设计众筹产品，从而将众筹业务嵌套至其商业生态链中，其推出的众筹产品也受到广大投资者的追捧。各年份股权众筹平台上线数量及占比如图 2-7 和图 2-8 所示：

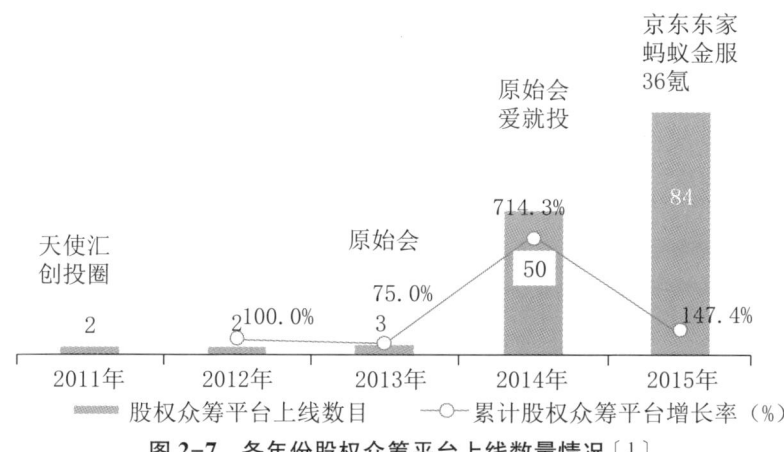

图 2-7　各年份股权众筹平台上线数量情况[1]

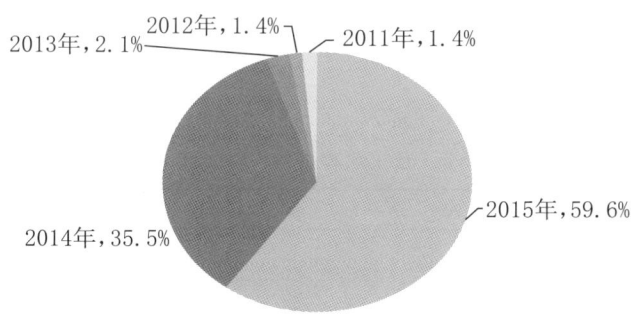

图 2-8　各年份股权众筹上线数量占比[2]

---

[1]　清科观察《2016 年股权众筹报告》。
[2]　清科观察《2016 年股权众筹报告》。

自 2011 年股权众筹在我国落地以来，迅速受到各路资本的青睐，不少券商、风投机构纷纷涌入其中，这也是股权众筹平台数量呈现爆炸式增长的主要原因之一。2014 年，我国股权众筹发展势头更加强劲，众筹平台数量和融资规模呈现井喷式态势，其主要原因在于国家政策利好股权众筹行业发展，特别是在李克强总理提出"推进股权众筹试点工作"以后，中央和各级政府纷纷制定并出台扶持股权众筹行业的相关政策和法规，证监会也再次发布文件明确要积极开展股权众筹融资试点工作，这些扶持政策对于股权众筹行业的发展起到了很好的引领作用。2014~2015 年间，在政府"大众创业、万众创新"的大环境背景下，互联网股权众筹平台相继成立，传统创投机构也积极参与其中，为不断涌现的创新创业项目"输血"，股权众筹也逐渐成为小微企业获取初始创业资金支持的重要途径之一，在我国资本市场中占有一席之地。

2. 我国股权众筹平台的类别

根据平台的定位和属性可以将股权众筹平台分为中介平台、P2P 转型的平台、具有明确业务定位的平台和基于电商平台的股权众筹平台（又称为"平台中的平台"）四种类型。具体如表 2-2 所示：

表 2-2　股权众筹平台分类情况[1]

分类	具体平台
中介平台	36 氪
P2P 转型的平台	前海众筹
具有明确业务定位的平台	天使汇、大家投、人人投、众投邦

[1] 根据众筹平台介绍和网络相关资料整理而得。

续表

分类	具体平台
平台中的平台	京东东家、蚂蚁达克、百度众筹

中介平台主要以"36氪"为代表,"36氪"在股权众筹运作过程中只承担中介服务功能,只是为众筹项目发起人和投资方提供沟通和交流的平台,在提高投融资成功率、降低投资风险和确保资金安全等方面并未做任何保障。因此,该平台的运作流程设计相对简单,涉及的众筹项目和众筹业务也比较浅。

P2P转型的众筹平台主要以"前海众筹"为代表,"前海众筹"之前主要从事P2P网络借贷业务(又称为"点对点"或"个人对个人"贷款),随着业务发展的深入逐渐转型成为股权众筹平台。"天使汇""大家投""人人投"和"众投邦"等股权众筹平台都有明确的行业和业务定位,在相关领域也有比较突出的表现,各平台已经初步呈现出差异化竞争格局。"京东东家""蚂蚁达克"和"百度众筹"的股权众筹业务主要是从电商平台和主营业务衍生而来的,因此,又被业界称为"平台中的平台",其股权众筹业务设计与各自之前的电商业务密切相关。目前,我国各类股权众筹平台业务发展状况参差不齐,这也为相关政府部门进行行业监管增加了难度。

3. 我国股权众筹平台地域分布

从地域分布情况来看,股权众筹平台大部分聚集在创业企业扎堆、经济比较发达的一、二线城市,如北京、上海、深圳、杭州等。完善健全的创业生态环境能为初创企业提供更多的生存和发展机会,同时大大降低创业企业的试错成本,提高创业成功率,扶持小微企业快速发展壮大。一、二线城市拥有丰富的各类资源,能够为创业者提供良好的企业孵化条件和服务,因此,在这些地方大量的股权众筹平台也应运而生。

我国股权众筹平台集中分布于北京、上海、深圳、广州、南京、天津、成都等地。其中，北京正常运营的平台有38家，上海和深圳分别达到37家和17家，三者合计92家，占到平台总量的65.24%。杭州和广州的平台数量也都在5家（含）以上，其余均少于5家。具体分布如图2-9所示：

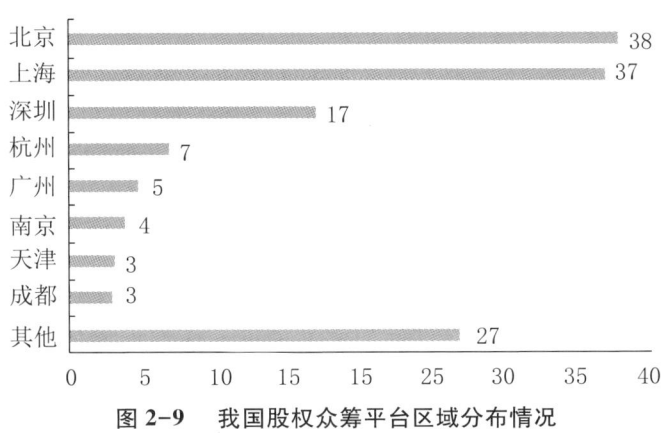

图2-9　我国股权众筹平台区域分布情况

目前，众筹平台基本已遍布于我国大部分地区，北京、上海、广东等经济较发达地区的众筹平台数量较多、分布更为集中，从而导致这些地区众筹平台之间的竞争尤为激烈，甚至出现恶性竞争现象，加速了部分平台的停运、倒闭或转型。在优质发起项目数量一定的情况下，各平台若想在激烈的竞争中胜出，只能不断完善提高服务水平和服务能力，从而吸引项目发起人和投资者的关注，促使项目众筹成功。

4. 我国重点股权众筹平台介绍

在细分市场中，各类股权众筹平台业务类别虽然有所不同，但大多侧重于满足互联网创新型企业和传统零售企业的投融资需求。例如，以"京东东家""36氪"为代表的股权众筹平台，

第二章　我国股权众筹发展现状及存在的问题

依托产业资本和生态资源,形成了以互联网创新创业项目为主的众筹平台,该类平台项目风险高、回报周期长、投资门槛高,一般需要专业的投资机构领投。以"人人投"为代表的平台偏重于传统实体店铺的股权众筹融资需求,尤其是需求弹性小的餐饮行业。因此,该类平台发布的众筹项目风险相对较小、投资门槛较低、收益比较稳定、实行按期分红的回报机制,比较适合工薪阶层的投资需求。下面,笔者将对当前国内典型的股权众筹平台进行介绍,简要分析其审核机制、服务功能和风险控制手段。

(1)"天使汇"。"天使汇"于2011年11月正式上线运营,是中国起步最早、规模最大、融资最快的天使众筹平台。"天使汇"一方面,助力天使投资人迅速发现优质初创项目,为其提供便捷投资途径;另一方面助力初创企业迅速找到天使投资,获得企业发展所需资金。截至2015年7月底,"天使汇"已帮助近400个创业项目完成融资,融资总额超过40亿元人民币。平台上注册的创业者(潜在的项目发起人)超过14万名,登记创业项目约51 000个,注册投资人超过4800名,经过认证的合格投资人超过2500名,全国各地合作孵化器超过200家。在"天使汇"平台注册的创业项目主要集中在互联网技术及移动互联网技术领域,涵盖社交网络、企业服务、游戏、电商、O2O、教育、健康等门类。目前该平台上已获得资金支持的项目融资额度多集中于100万~500万人民币之间。

"天使汇"对融资项目(包括项目发起人)和投资者都有一定的准入标准,会在投融资双方入驻平台之前对其资格进行审核。其具体审核程序及标准如下:[1]

---

[1]　相关信息来自"天使汇"平台投资规则。

第一，对融资项目（包括项目发起人）进行审核。融资项目在平台发布时，需要提交项目名称、项目介绍、项目优势、核心技术、所属领域和团队成员等相关信息，并提交商业计划书。之后，"天使汇"的审核团队会进行审核，只有通过审核的项目才能在"天使汇"平台上"挂牌"，向平台上的投资者进行展示。

第二，对投资者进行审核。"天使汇"平台要求参与众筹项目的自然人投资者须通过平台审核，并符合下列条件之一：①投资者本人年收入在最近三年内每年收入超过 30 万元人民币，或者夫妻双方合计收入在最近三年内每年收入超过 60 万元人民币，且能提供相关收入证明。②投资者本人名下金融资产市值达 100 万元人民币以上。金融资产包括银行存款、股票、债券、基金份额、资产管理计划、银行理财产品、信托计划、保险产品、期货权益等，且能提供相关资产证明。③投资者本人名下固定资产市值 500 万元人民币以上，其中不包括主要居所，且能提供相关财产证明。④投资者有过 TMT 领域天使投资 10 万元人民币以上的投资案例，且能提供相关投资案例证明。

机构投资者必须符合下列条件之一：①公司、企业等机构实缴注册资本超过 1000 万元人民币。②公司、企业等机构总资产/管理资产超过 3000 万元人民币，且能提供相关财产证明。③公司、企业等机构净利润在最近三年每年不低于 500 万元人民币，且能提供相关财产证明。④公司、企业等机构有过 TMT 领域天使投资 30 万元人民币以上的投资案例，且能提供相关投资案例证明。

"天使汇"已经形成了一套比较完整的众筹服务体系，为项目股权众筹提供全过程服务和指导。对于项目发起人而言，"天使汇"在融资前的服务涵盖了为创业团队提供商业计划书撰写、

第二章 我国股权众筹发展现状及存在的问题

工商注册服务、企业财务预测、项目估值和定价、投资协议、融资谈判等方面；在融资过程中，"天使汇"提供宣传展示平台，协助投融资双方进行沟通交流，为项目发起人快速达成融资搭建桥梁；在融资后，提供后续融资支持。对于投资者而言，"天使汇"会定期举办各类沙龙活动，为投资者与项目发起人、投资者之间搭建定期沟通的平台，并会根据投资者提供的信息为其推荐合适项目。

为了降低股权众筹风险，保护投资者的利益，"天使汇"设置了一系列的风险控制手段，主要如下：

第一，通过对融资项目、项目发起人和投资者审核，控制平台自身信用风险。"天使汇"众筹平台设有专业的分析团队，负责对项目发起人提交的项目信息以及投资者的资质进行审核，以控制项目质量，保障投融资双方的真实性和合法性，最终达到控制平台自身信用风险的目的。在项目审核方面，主要关注信息披露的真实有效性、项目团队的经验、项目的可行性以及项目发展前景。在投资者审核方面，主要关注投资者的资产状况、投资经验、投资能力和风险承受能力。

第二，通过信息披露控制投融资双方信用风险，减少信息不对称。"天使汇"将投资者按照级别分为两类：一类是普通投资者，一类是经过认证的投资者，"天使汇"平台对两类投资者开放的项目信息范围各不相同。对于普通投资者，"天使汇"仅仅开放发起项目的基础信息，具体包括项目概况、项目管理团队等。对于经过认证的投资者，"天使汇"会对其开放发起项目的核心信息，具体包括项目的商业计划书、企业财务数据、市场分析、领头人的尽职调查报告等。与此同时，"天使汇"会将投资者的姓名、擅长领域、以往投资经验等信息传递给项目发起人。通过这些双向信息披露，能够有效降低投融资双方的信息不对称程度。

第三，依托实名认证制度和"领投+跟投"模式，控制法律风险。首先，"天使汇"要求投资者必须以实名进行认证，从而规避《证券法》中"向不特定对象发行股票"的监管要求，避免发生非法集资等法律风险。其次，"天使汇"采用"领投+跟投"模式运作项目融资，由领头人负责对发起项目进行尽职调查和信息跟踪，并将相关信息免费向投资者公开，由于领投人一般为专业投资机构，对该发起项目比较感兴趣，愿意花时间、精力和费用对发起项目进行尽职调查，其领投金额会比较高，从而有效控制单一项目的投资者人数，规避《公司法》关于成立有限公司股东人数限制的监管要求。

（2）"众投邦"。"众投邦"总部位于广东省深圳市，于2014年1月20日正式上线，该平台主要定位为新三板VC期项目股权众筹平台。目前的主要业务是采用"主投+跟投"模式进行运作，致力于帮助拟挂牌或已挂牌新三板的成长期企业进行股权众筹融资。经过一段时间的发展，"众投邦"已经形成PC端网站、移动端APP、尽职调查底稿、线下新三板众筹会等一系列完整的产品生态服务体系。

在股权众筹品类和产品设计上，"众投邦"着力突出全民风投的特征，投资领域涉略较广，涵盖了移动互联、节能环保、文化传媒、新材料、新能源、生物制药、消费服务、信息技术和其他经济热点行业，甚至还可以投资风投机构的私募基金（如创东方新三板主投基金等），通过专业投资机构间接享受股权众筹收益。由于"众投邦"主要定位于热点行业、成长期企业的股权众筹业务，其产品的收益和风险都相对较高。此外，"众投邦"还设立了新三板定增估值板块，帮助定增企业对接资本市场，减少其与广大潜在投资者之间的信息不对称性，实现

第二章 我国股权众筹发展现状及存在的问题

合理估值,具体案例如广州恒大淘宝足球俱乐部股份有限公司的定增估值等。"众投邦"平台统计数据显示:截至2015年底,"众投邦"已经完成股权众筹融资金额5亿元以上,上线众筹项目过百,平台注册的投资者人数接近2万人。

"众投邦"对融资项目的审核有着明确的标准:所属领域主要为互联网技术、移动互联网技术、文化传播、消费服务、节能环保、新材料、新能源、大健康等行业;公司成立2年以上;上一年度营业收入达1000万以上,且净利润不低于100万(优质项目企业可以适当放开);本轮融资额不低于1000万;优先考虑已经跟券商签约、高成长、行业领军企业、股权结构中有专业机构投资者、预上新三板、新三板已挂牌企业的融资项目。

"众投邦"对领投人的审核标准也比较高:领投人必须是专业的投资机构或专业投资者;在候选领投方中对项目帮助最大;具有丰富的投资经验,有很多成功案例,尤其是有类似项目的成功案例;拥有投资项目的产业链资源,可以在上下游为项目企业发展提供帮助;投资金额比例较大;可以召集到更多的跟投方。[1]

"众投邦"对项目融资筹集资金的把控也非常严格,从挂牌到认购需要90天的时间,投资方的资金交由第三方资金管理机构托管,自资金划拨后即被冻结。为了确保投资者的利益,增强投资者的合理投资行为,"众投邦"规定,在众投期间投资方可以申请撤销投资,但真正退回资金必须等众筹期结束。众筹期结束后,如果认购额(去除申请退回的资金)不满项目设定筹资总额的50%,则本次众筹失败,第三方资金管理机构将前期托管的资金退回给已出资投资者;如果认购额超过50%但不

---

[1] 来自"众投邦"平台领投资格审核标准。

足80%，项目发起人如果同意按估值调整募资出让股权比例，则按调整后的股权比例执行，如果项目发起人不同意进行股权比例调整，则视为众筹失败；如果认购额超过80%但不足100%，则需要由领投方补足，具体比例可以由领投方和项目发起人协商而定，但需要在融资前将股权调整比例清晰地披露给所有投资人。

（3）"36氪"。"36氪股权众筹平台"于2015年6月正式上线，其定位于向有资产配置需求的高净值理财人士和机构提供互联网非公开股权投资服务，是很多TMT领域创业公司的首选股权众筹融资平台，该平台目前已成为中国领先的互联网创业公司融资服务提供商。虽然成立的时间并不长，"36氪"旗下已经拥有连接创业者与投资人的"36氪投融资"、免费孵化的"氪空间"和"36氪媒体"三大核心业务。

"36氪"平台采用业内普遍实行的"领投+跟投"方式为创业企业提供股权融资服务，并首推老股发行产品。与此同时，还利用"36氪媒体""NEXT""氪空间"及"36氪融资"等业务板块各自的核心资源和优势打造闭环的创业生态圈，为平台上的众筹项目提供各类资源，扶持众筹项目健康良性发展，同时为其提供"输血和造血"功能。

"36氪"平台要求投资者需至少满足以下条件之一，包括最近三年个人年均收入不低于30万元人民币、金融资产不低于100万元人民币或者是专业机构投资人。此外，作为国内领先的互联网非公开股权投资平台，除了设置严格的全过程风控体系外，"36氪"也一直注重打造以优质项目、信息披露以及投资人服务为主的全方位综合平台，在融资推介、信息披露及投资人沟通机制等方面不断完善。在投资者退出机制方面，"36氪"平台创造了国内股权众筹平台先河，推出了"下轮氪退"机制，即在融资项目正式交割完成后,在融资公司于两年内的随后两次正式融资中,本轮股东均有权利选择是否退出,如果最终交割后的两年内,融资公司未发生任何一次正式融资,则退出期延长至最后交割后的三年内;如果融资公司三年之后未融资,则跟投人与普通融资项目一样与领投人同进同退。[1]

(4)"人人投"。"人人投"是一家专注于股权众筹的网络平台,主要定位于为实体店提供融资服务,帮助项目发起人快速融资开分店,帮助投资人找到优质项目,致力于为投资人和项目发起人搭建一个公平、透明、安全、高效的互联网金融服务平台。"人人投"平台上的发起项目以特色实体店铺为主,项目发起人需要有3家以上直营店,并已经在业界形成一定的品牌、知名度和影响力。

"人人投"平台建立了七层风控体系,对项目发起人提交的相关信息进行审核,通过审核的项目才可以在平台上发布。投资者若想在"人人投"平台上进行投资,必须实名认证人人投账号(该账号与易宝同步),成为"人人投"的认证投资人后,才可以在平台上选择项目并完成投资行为。"人人投"对投资人提供管家式投资服务,具体包括:投资前对项目进行尽职调查,有效防范投资风险;投资过程中,根据投资者的资产状况、风险偏好为其匹配适合的投资项目,并提供相关投资咨询服务,解答投资人的问题;项目投资后,为投资人提供项目后期跟踪服务、定期向投资人披露项目运营和财务情况、协助进行分红划转、协助投资人退出合伙企业等。一般情况下,"人人投"会对众筹成功项目提供的相关服务收取一定费用,[2]用于维持网站平台的日常运营,并获得合理收益。

---

[1] "36氪"平台下轮氪退机制。
[2] 来自"人人投"平台审核机制。

为了确保投资人的资金安全,"人人投"与第三方支付平台"易宝支付"合作,为投资者的资金管理、资金划转、分红账户等提供托管服务。"易宝支付"将"人人投"平台与投资者的资金隔离开来,为项目筹资设置独立账户,确保投融资交易真实可靠,投资人的资金不被挪用或者转移。与此同时,人人投还设置了相应的放款流程,各方需严格遵守,确保投资者的资金安全。

(5)"大家投"。"大家投"平台的前身是"众帮天使",成立于2012年12月10日,2013年7月更名为"大家投",是中国首个天使投资与创业项目私募股权投融资对接股权众筹平台。经过几年的发展,该平台已经形成了创投版、影视版、演艺版以及高端服务四大投资品类,投资内容涵盖了PC互联网技术、移动互联网技术、IT软件/硬件、服务业、文化创意、节能环保、新能源、生物医药、其他等九大类领域。

"大家投"平台倾向于具备高新技术、核心竞争优势、创新商业模式、广阔发展前景、高成长特征的项目融资,融资定位为创业期首轮融资,[1]融资金额控制在人民币50万元至1000万元之间。一般情况下,对于那些只有想法、尚未启动或者是创业者没有任何实际行动的融资项目,"大家投"会拒绝为其提供众筹融资服务。

"大家投"对于申请上线的融资项目具有严格的审核标准,要求项目发起人提供符合标准的商业计划书。在对发起项目商业计划书的审查中重点关注:提交项目信息的完整性;项目团队成员是否全职专注经营本项目;项目团队成员的学历、工作经历以及工作简历是否清晰(审核具体到时间节点、单位、职

---

[1] 即尚未引入A轮风险投资的项目。

务）；商业模式或技术方案是否清晰聚焦、有无市场可行性；融资额度是否合理；资金用途是否清晰（需列示项目运作12月至18月的主要开支情况）；股东出资情况；历史财务数据是否清晰明确、逻辑合理等。

"大家投"对于投资人（尤其是领投人）同样有着严格的审核标准，平台要求投资人需要有一定的投资经验，若想成为项目领投人，需要先向平台提出申请，由"大家投"平台对领投申请人进行背景调查，审核通过后才可获得项目领投资格。在"大家投"平台上，一个项目只能有一个领投人，领投人经项目发起人确认同意后才能生效。在项目众筹成功后，"大家投"平台还会提供项目投后管理服务，为项目发起人和投资人提供平台技术支持，协助双方进行沟通和交流，及时了解项目运作情况。

为了有效降低投资人的投资风险，提高项目发起人的融资效率，"大家投"平台委托银行推出"投付宝"第三方资金托管服务。投资人认投项目时，把投资款转入相应监管账户，一旦众筹成功，立即着手成立有限合伙企业，再按照投资人的意见分批次将有限合伙企业所有合伙人的投资款转入该公司的基本账户。"投付宝"服务的推出在一定程度上保障了投资者的资金安全，也为项目公司成立后合理分配、使用、筹集资金提供保障，降低了项目后期运作的风险，减少了投资者的顾虑。

当前，我国各股权众筹平台在运作和发展过程中逐渐形成了各自优势，在关注细分领域、项目种类、审核机制、运作模式、风控机制和资金托管等方面呈现出各自差异，初步形成差异化竞争格局。国内各主要股权众筹平台运营模式对比具体如表2-3所示：

表 2-3　国内典型股权众筹平台运营模式对比

平台名称	关注细分领域	投资模式	审核机制	风控机制	资金是否托管
天使汇	社交网络、企业服务、游戏、电商、O2O、教育、健康等	快速合投、领投+跟投	融资项目审核、投资者资格审核	项目及投资者审核、信息披露、实名认证、领投+跟投机制等	否
众投邦	移动互联、节能环保、文化传媒、新能源、生物制药、消费服务、信息技术等	领投+跟投	融资项目审核、投资者（包括领投人）资格审核	投融资双方资格审查、严格的资金管理机制等	否
36氪	电商、社交、消费生活、医疗健康、人工智能等	领投+跟投	融资方（创业企业及股东的资质）审核、领投人、跟投人资质审核	项目发起人及投资者资格审查、信息披露的真实有效性、下轮氪退机制等	否
人人投	餐饮、教育培训、医疗健康、服装饰品、房屋中介等	快速合投	融资方资格审核、项目信息审核、投资人注册账号并通过实名认证	项目发起人：征信、信息披露、建立黑名单；项目：预审、尽职调查、专职行业专家把控、风险收益评级；平台：财务监管系统、银行托管、定期财报、突击检查等	是

续表

平台名称	关注细分领域	投资模式	审核机制	风控机制	资金是否托管
大家投	PC互联网、移动互联网、IT软件/硬件、服务业、文化创意、节能环保、新能源、生物医药、其他	领投+跟投	融资项目审核、投资者（领投人）资质审核	严格的商业计划书审核标准、领头人审核、领投规则、投付宝业务、资金托管、分批次拨付	是

综上分析，我国股权众筹行业发展时间虽然不长，但发展和竞争态势迅猛，当前在业界比较有实力的股权众筹平台在业务运作方面已经形成了各自特征和核心竞争力，初步呈现差异化竞争格局。各平台的差异主要体现在对发起项目筛选审核时具有一定的倾向性，各平台关注的细分领域各不相同等方面。有些平台（如京东东家）甚至直接与自身原有业务紧密结合进行股权众筹产品设计，将股权众筹作为其业务生态链中的重要一环，从而构建完整的业务生态链，以获得协同和扩散效应。

各主要股权众筹平台在业务运作模式上存在许多类似之处，如股权众筹平台会根据其设置的相关标准对发起项目和项目发起人进行审核，多数平台审核的重点为项目发起人提交信息的真实有效性，部分平台还会审查是否进行充分的风险提示等，通过审核的项目才能够在股权众筹平台上进行发布。对于合格投资者的认证也是各平台审核的关键内容之一，具体包括投资人是否满足合格投资者的条件，投资者是否有成功投资类似项目的经验、投资能力和风险承受能力等，但从各平台审核的细则来看，对于合格投资人的认证主要是为了满足相关法律法规的要求，规避股权众筹过程中有可能出现的法律风险。各平台在审核内容上有许多类似之处，只是在审核流程上会存在一些差别。

与此同时，为了减少投资者的顾虑，提高众筹成功的可能性，各股权众筹平台还会设置一系列风控措施，如选择领投人对发起项目进行尽职调查、审核披露信息的真实性、建立失信黑名单、资金托管、分批次划拨资金等，风控机制相对比较完善。但是，除"36氪"平台明确了下轮氪退的退出机制，为投资者提供不同情景下的退出渠道外，少有平台为投资者建立退出机制，投资者如何退出仍是股权众筹的难题之一。

我国股权众筹平台主要采用"快速合投"或"领投+跟投"[1]两种模式进行项目融资运作。所谓快速合投是指众筹平台将融资期限设定一个较短期限（如大部分平台设置为30天），为项目进行快速融资。由于快速合投期限较短，创业项目能够在很短的时间内、以简单高效的方式获得产品开发、推广所需资金；普通投资者可以跟随靠谱的天使投资人一起投资，快速在众多项目中筛选出优质项目，从而为投融资双方提供便利。目前，"天使汇"是快速合投模式的代表平台，在该平台上，投资者和创业者可以很便捷地进行双向选择，实现平等互利。对于创业者来说，一方面，其提供的优质创业项目能够在"天使汇"平台首页上进行项目展示，并有机会获得媒体持续报道和关注，从而营造良好的融资氛围，获得超额认购；另一方面，创业者可以通过靠谱投资人背书，获得更多的人脉、渠道及市场资源，为运作好创业项目打下扎实基础。

"领投+跟投"是目前国内大多数股权众筹平台主要采用的

---

[1] 其中，"领投+跟投"模式是最为主要的运作模式。

运作模式。所谓"领投+跟投"是指选定对发起项目非常感兴趣、经验丰富的投资人为领投人,通过分享投资经验、分享项目尽职调查报告及相关资料,带领跟投人进行合投。一般情况下,领投人可以获得项目发起人相应股份奖励、部分服务费或跟投人的利益分成,作为其对项目公司进行尽职调查、分享资料和经验所花费用的补偿。在"领投+跟投"模式下,众筹平台对于领投人的资质审查较为严格。通常情况下,只有投资经验丰富、具有较强资本实力以及风险承担能力较强的投资人才有可能获批成为领投人。项目融资完成后,也是由领投人负责对项目的后期运作进行后续监督和管理。

"大家投"是"领投+跟投"模式的代表平台,在该平台上,一个项目只能有一个领投人,要想成为领投人需要在"大家投"平台上提出申请,由平台对其履历和相关资历进行核实,平台审核通过后,还要经过项目发起人同意才能成为领投人。领投人的投资额度通常为项目融资规模的5%~50%,但是领投人可以与项目发起人商定获得若干赠送股份作为激励,具体数目由双方自行协商确定。一旦被确定为领投人,需要全程跟踪项目,包括项目分析、尽职调查、项目估值议价、投后管理以及协调发起人与跟投人之间的关系等。跟投人的投资金额按照项目融资规模具体情况而定,设有上限和下限金额,通常单次跟投额度的下限为项目融资额度的2.5%。相较于领投人需要严格资质审核要求,对于跟投人的要求十分宽松,在提交投资意向到项目众筹成功之前,跟投人都有权利退出项目,并且资金仍掌握在跟投人手中,在筹集资金达到目标后,投资人才会向"投付宝"转账,超过5个工作日未转账则视为投资人自动放弃资格。投资人将资金转入"投付宝"之后视为投资交易达成,就不能再自行撤资。但是,在分批次拨款的项目中,投资人有权投票决定是否继续下一批次的投资,如果大多数投资人对项目运作结果不满意,可以撤销下一阶段出资。一般情况下,项目众筹完成后,会由领投人作为一般合伙人、跟投人作为有限合伙人成立有限合伙企业,再由该有限合伙企业投资目标项目或企业。

第二节　我国股权众筹存在的问题

作为一种新兴的金融创新模式,我国股权众筹在发展过程中面临一系列问题,如相关法律制度和监管机制缺失、存在信息不对称和道德风险、缺乏有效的征信机制、缺乏合理的项目价值评估体系、退出机制不健全等。这些问题在一定程度上制约了股权众筹的健康有序发展,甚至有可能引发大面积风险事件发生。以下,笔者将对这些问题进行详细阐述和分析。

第一,股权众筹相关法律制度和监管机制缺失。股权众筹作为一种创新型网络融资模式,在我国的发展历程还不太长,相关法律法规还不够完善,存在监管制度方面的不足和缺失。根据我国《刑法》和《最高人民法院关于审理非法集资刑事案件具体应用法律若干问题的解释》的规定,"擅自发行股票、公司债券和企业债券罪"的构成要件包括:其一,未经国家有关主管部门批准;其二,向社会不特定对象发行、以转让股权等方式变相发行股票、公司债券、企业债券,或者向特定对象发行、变相发行股票、公司债券、企业债券累计超过200人,即"公开发行";其三,数额巨大、后果严重或者有其他严重情节发生。实际操作中,股权众筹融资模式以公司原始股为依托,吸引大量投资者参与发起项目投资,如果在投资者人数上毫无限制,难免有私自发行股票之嫌疑。

我国《证券法》第10条规定:"公开发行证券,必须符合

第二章　我国股权众筹发展现状及存在的问题

法律、行政法规规定的相关条件,并依法报经国务院证券监督管理机构或者国务院授权的部门核准;未经依法核准,任何单位和个人不得公开发行证券。有下列情形之一的,为公开发行:(一)向不特定对象发行证券的;(二)向特定对象发行证券累计超过二百人的;(三)法律、行政法规规定的其他发行行为。……"此外,《证券法》同时规定,非公开发行证券不得采用广告、电视、报纸等公开媒体进行宣传,禁止采用公开劝诱和变相公开方式吸引公众投资。

由此可见,由于股权众筹是利用互联网众筹平台向广大投资者募集资金,在法律层面处于灰色地带,面临非法公开发行证券的尴尬境地,稍有不慎便会触发非法集资法律红线。如2012年末创业公司美微传媒在淘宝网上公开售卖其原始股权,进行"网络私募",于2013年5月被证监会查处叫停,美微传媒最终承认不具备公开募股主体条件,退还通过淘宝等公开渠道募集的款项。

因此,股权众筹在运作过程中需要注意两条不能触碰的红线:一是不能向不特定的公众发行股份,投资者必须是经过众筹平台认证的合格投资者;二是单个项目投资者人数不能超过200人。关于向不特定公众发行,《证券法》规定不能采用广告、公开劝诱和变相公开的方式,而如今互联网技术发达,微博、微信等新媒体更是时时出现在公众生活里,这些传播方式是否属于公开途径在法律层面尚无明确规定。如果强制性规定股权众筹在宣传过程中不允许采用这些方法手段,就有可能会扼杀这种新兴的、创新型的融资模式。但如果允许采用这些手段进行传播,又容易被别有用心者利用,产生大量欺诈与风险事件,这就需要相关主管和监管部门结合微信、微博等新媒体特征,制定监管措施,在激发企业融资创新活力的同时,控制好有可能发生的风险漏洞。

关于投资者人数不超过200人的人数限制,在法律层面是一条硬性规定,一旦单个项目融资人数超过200个人,该融资行为即可以被确认为非法集资。前央行副行长刘士余就一再强调,国内众筹平台发展过程中一定要注意200人的人数限制。但在实际操作中,由于股权众筹的普通者投资金额都不高,需要借助众多投资者的力量才能支持发起项目成功筹资,因此,很容易突破200个人的限制。在实践中,为了规避这一限制,股权众筹的众多投资人往往会组成有限合伙公司,再以有限合伙人的名义参与股权众筹,因此,法律层面规定的200人限制仅仅停留在表象,实际人数在监管过程中不容易把握,并且这种投资者人数限制又与股权众筹普惠金融、大众筹资的出发点相矛盾,在一定程度上制约了股权众筹融资功能的发挥。

此外,股权众筹融资过程中还可能面临非法吸收公众存款的法律风险。《最高人民法院关于审理非法集资刑事案件具体应用法律若干问题的解释》规定,通过媒体、推介会、传单、手机短信等途径向社会公开宣传;承诺在一定期限内以货币、实物、股权等方式还本付息或者支付回报;违反国家金融管理法律规定向社会公众(即社会不特定对象,既包括机构又包括个人)吸收资金的行为属于非法吸收公众存款的违法行为。[1]由此可见,我国现行相关法律法规如何界定"向社会公众和不特定对象宣传"成为股权众筹融资是否合法的关键要素,一旦特定对象界定不清,便容易触发非法吸收公众存款的法律风险。

2014年12月,中国证券业协会颁布了《私募股权众筹融资管理办法(试行)(征求意见稿)》(以下简称《征求意见稿》),

---

[1] 吴凤君、郭放:"众筹融资的法律风险及其防范",载《西南金融》2014年第9期。

第二章 我国股权众筹发展现状及存在的问题

首次明确了股权众筹的合法地位,但是仍存在着一定的局限性。首先,《征求意见稿》只是一个行业协会性质的法规,算不上正式的法律文件,征求意见意味着股权众筹法律体系尚不健全,仍有许多工作尚未完成。其次,《征求意见稿》中的部分规定仍存在比较明显的漏洞,如《征求意见稿》中要求众筹平台对募集期资金"设立专户管理,证券业协会另有规定的从其规定",该规定并没有明确要求众筹平台将募集期资金存放于独立的第三方托管机构。也就是说,众筹平台可以将这些资金放在自己的账户中,只要单独设立专户即可,这样容易引发平台滥用、挪用投资者资金的风险。最后,当前我国股权众筹监管主体不明确、众筹平台的准入制度太过严格等现象比较明显,容易制约股权众筹的创新活力,影响股权众筹的有效发展。

第二,股权众筹存在信息不对称与逆向选择等道德风险问题。信息不对称与道德风险是投融资领域的传统问题。所谓信息不对称是指经济活动中由于各参与方掌握信息的程度不一样,导致掌握信息优势的一方利用自身信息优势地位侵占信息弱势方的利益,信息弱势方为了保护自身利益不受损害,做出低效甚至无效经济决策的现象。道德风险与信息不对称性密切相关,是指由于经济活动各参与方掌握的信息程度不一样,信息优势方可能利用自身优势地位侵害信息弱势方利益的行为。在投融资活动中,信息不对称性与道德风险最为常见的现象表现在筹资方利用其信息优势地位,在融资前故意夸大项目优点、隐藏项目弱点以降低融资成本,在融资完成后,将筹集资金挪为他用,从事风险更高的业务等。

股权众筹作为投融资活动中的一种,同样也存在信息不对称和道德风险问题。在信息不对称方面,股权众筹在降低信息不对称的同时,还有可能引发新的信息不对称性。一方面,股权众筹利用互联网技术和众筹平台为投融资双方搭建了便捷沟通的桥梁，通过在平台上进行有效地互动交流，降低投融资双方的信息不对称性；另一方面，由于股权众筹平台的参与以及相关股权众筹运作机制的设置，增强了股权众筹运作的复杂性，使得股权众筹风险来源更广、风险漏洞更多。当前，我国股权众筹信息不对称性主要体现在项目发起人与投资者之间、项目发起人与众筹平台之间、投资者与众筹平台之间、领投人与跟投人之间，具体如图2-10所示：

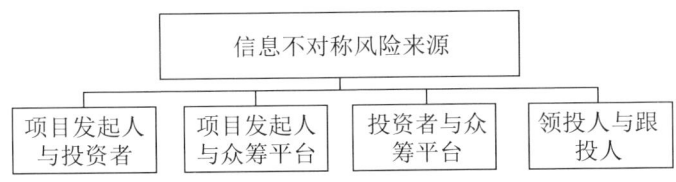

图2-10　股权众筹信息不对称风险来源

股权众筹项目发起人与投资者之间的信息不对称是信息不对称的主要类型，由于项目发起人清楚地知道项目的发展潜力、盈利能力和质量，在其中处于信息优势地位，而投资者（尤其是普通跟投人）很难真实了解发起项目的详细信息，处于信息弱势地位。股权众筹的核心优势之一就是能够利用互联网技术和网络平台构建便捷有效的沟通机制，从而减少众筹项目投融资双方的信息不对称性。一方面，项目发起人能够利用这一平台向众多经过认证的合格投资人推介、宣传项目；另一方面，具有初步意向的投资者可以利用这一平台向项目发起人进行质询，就其中的疑点和兴趣点进行互动交流，增强对项目的了解。并且，众筹平台还会对项目发起人提供信息的真实性进行审核，从而避免普通投资者难辨信息真伪的困境。但从另一面来说，如果相关运作机制设置存在漏洞（如对项目发起人的审核不严，

第二章　我国股权众筹发展现状及存在的问题

对发布信息真实性审查不力，互联网便捷传播、快速扩散特征有可能被利用于发布虚假信息），会进一步增加投融资双方的信息不对称性。

项目发起人与众筹平台之间也有可能存在比较严重的信息不对称。其中，项目发起人处于信息优势地位，而众筹平台处于信息劣势地位。首先，众筹平台面对的是众多项目发起人，需要审核大量的发起项目，受人力、财力、物力等限制，不可能对所有项目都投入大量精力进行审核；其次，项目发起人为了通过平台审核并吸引投资者的关注，通常会对仔细研究众筹平台公布的相关准则和运作机制，并利用其中存在的漏洞积极发布有利信息，减少甚至隐瞒不利信息。

在投资者与众筹平台之间的信息不对称中，众筹平台对于众筹运作机制和发起项目了解程度更深，处于信息优势地位，而投资者则处于信息劣势地位。两者之间的信息不对称性主要表现在平台虚构融资信息，或与项目发起人串通，降低融资项目的准入标准，发布虚假融资信息，骗取投资者资金。由于众筹平台的收益主要来源于项目众筹成功之后收取的服务费，并且，服务费通常为融资总量的一定比例，众筹平台出于自身利益考虑，有动力促使众筹项目（尤其是融资体量较大的项目）成功，因此，有可能夸大项目优点，修饰甚至隐瞒项目弱点和风险。

领投人与跟投人之间也有可能存在比较明显的信息不对称性。"领投+跟投"机制是众筹平台为普通投资者提供投资便利而设置，由于股权众筹的投资者多数是普通、非专业个人投资者，他们并没有专业能力和丰富的投资经验来判断投资机会价值和投资风险，并且，股权众筹投资者地理位置相对分散、投资规模较小、信息搜集成本比较高，很难进行有效的尽职调查和项目后续跟踪。众筹平台一般会选择资本比较雄厚、具有丰富投资经验、专业的价值评估能力、投资规模较大的投资机构作为领投人,由领投人对发起项目进行尽职调查和信息跟踪,并将尽调信息在众筹平台上与众多跟投人分享,为众多普通投资者快速锁定优质项目提供便利,节省普通投资者的时间、精力成本。与此同时,项目发起人会对领投人在尽调过程中的时间和成本投入给予一定的奖励和补偿(如,相对优惠的股权价格、赠送一定数量的股权等)。由此可见,相对于跟投人而言,领投人处于信息优势地位。在相关监管机制缺失、监督不力的情况下,领投人有可能利用其专业影响力与项目发起人合谋,诱导普通投资者进行跟投或者对项目进行高估值,从而损害普通投资者的利益。

综上所述,股权众筹最初目的是利用互联网技术和众筹平台搭建有效沟通平台,从而减少筹资过程中的信息不对称性,但如果运作机制设置不当、监管机制缺失,反而容易引起更高程度的信息不对称,引发更强的逆向选择和道德风险。从众多股权众筹平台实际业务运作来看,道德风险主要来源于众筹平台、项目发起人、领投人三个方面,主要体现为项目信息披露不充分(甚至提供虚假信息欺骗投资者)、平台收益来源不合规、资金池效应、领投人与项目发起人合谋等方面。

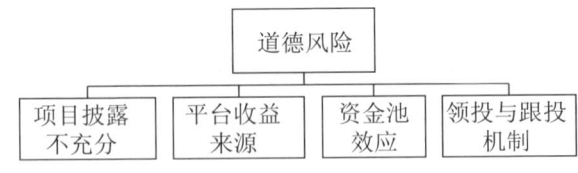

图 2-11　股权众筹道德风险

对于股权众筹平台而言,其道德风险主要表现在两方面:

其一,由于众筹平台的收益主要来自众筹成功项目的手续费,出于众筹平台自身利益最大化考虑,众筹平台的运营者会倾向于放松监管,或者对项目发起人提交的虚假信息"睁一只眼闭一只眼",以提高项目对投资者的吸引力促使项目众筹成功,或者让原本不达标的项目进入平台参与融资,[1]以提高发布项目总数和众筹总量规模,从而获取更高的服务费。其二,有些众筹平台规定将众筹期间所筹集的资金存放于平台专设账户,在没有相关法律约束的情况下,平台极可能挪用资金,甚至发生"跑路"现象。

对于项目发起人而言,其道德风险主要体现在:其一,项目发起人利用其信息优势地位向众筹平台提交虚假信息,或者项目信息披露不充分、隐藏不利信息,使项目看起来比实际更具吸引力,从而促使项目众筹成功并获得更高定价。其二,在众筹平台完成融资后,项目发起人有可能利用其对资金和公司的掌控能力,将所筹集资金用于商业计划书以外的高风险行业,导致投资者投资风险增加,利益受损。

"领投+跟投"模式为普通投资者充分利用投资专家的专业优势"搭便车"提供了便利途径,但如果缺乏相应的监督和管理也极容易产生领投人道德风险。主要原因在于这种引导性投资机制往往容易增加领投人与项目发起人之间恶意串通、合谋的可能性。如果领投人与项目发起人之间存在某种利益关系,若领投人的名气很大、业界具有较强的影响力,在跟投人数众多的情况下,会产生"羊群效应",造成许多投资人在不清楚项目风险的情形下盲目跟风。若项目定价过高,项目发起人获得大量融资款后有可能出现转移股东财产、以投资失败为借口侵

---

[1] 蓝俊杰:"我国股权众筹融资模式的问题及政策建议",载《金融与经济》2015年第2期。

吞投资者财产、甚至逃匿等行为，从而导致跟投人利益受损，让跟投人吞下"苦果"。

第一，缺乏合理的项目评估体系，导致项目定价标准不一。企业定价是投融资的核心问题，小微企业定价一直都是投融资领域的一个难题。传统的企业估值方法主要有账面价值法、重置成本法、现金流量贴现法、收益率法等，不同方法有着不同的适用情景，并且，不同方法得出的结果可能会出现巨大偏差。在股权众筹平台上发布的项目一般为小微初创企业，在使用相关估值方法进行定价的过程中存在一系列障碍和问题。如由于众筹平台上发布的项目大多处于初创期，成立时间不是很长，难以提供比较完善的财务报表，因此，很难采用账面价值法进行合理估值。发起项目大部分属于轻资产、创新型企业，核心资产大多为专利技术、项目团队，这类资产具有专一性，很难在市场上找到可以比较的标准，因此，重置成本法在发起项目估值中基本失效。由于发起项目风险较高，未来收益具有较大的不确定性，采用现金流贴现法和收益率估值存在很大障碍。此外，股权众筹融资的项目往往处于初创期，其产品大部分没有成型，市场发展前景存在很大的不确定性，因此，单凭项目发起人提交的信息很难对众筹项目进行有效估值，从而引导投资者做出正确、合理的投资决策。

目前，我国还没有专门针对融资项目提供评估报告的第三方专业机构，众筹项目投融资各方自己对于项目价值的判断经常会出现很大差异，从而降低众筹融资效率。并且，即使项目众筹成功，估值不合理也容易引发一系列的后续问题，如若估值过高，投资者会因为达不到预期收益而引发群体不满，甚至影响平台声誉，降低投资者后续投资的积极性；若估值过低，项目发起人会因为贱卖股权带来成长障碍。因此，建立合理的价值评估体

第二章　我国股权众筹发展现状及存在的问题

系对于我国股权众筹行业健康有序发展具有重要意义。

第二，缺乏有效的征信机制，导致股权众筹融资过程中存在不少欺诈行为，增加了投资的信用风险，降低了投资效率。长期以来，我国企业和个人征信体系不健全，整体信用环境较差。由于股权众筹发展时间不长，尚处于创新发展阶段，其信用风险体现尤为突出。股权众筹的信用问题主要存在于众筹平台及项目发起人，项目发起人的个人信息以及提交的项目资料主要由众筹平台进行审核，由于众筹平台面对的是众多申请项目，对于每个项目审核的时间、精力有限，很难确保提交信息的真实有效性。众筹平台上的投资人大多为普通投资者，也难以有时间、精力和能力对投资风险进行专业评估。从目前相关平台的运作情况看，大多数股权众筹平台对项目发起人的资质并无过多要求和硬性条件审核，项目发起人存在用虚假身份发布项目的可能性，这也加大了项目发起人欺诈投资者的概率。此外，由于股权众筹投资者对于项目后期跟踪的难度较大，有可能导致项目发起人在融资成功后不按照约定用途使用募集资金，或是将筹集资金用于其他高风险项目投资，造成无法如期向投资者支付回报等现象。在没有建立相应的违约惩罚机制情况下，很难杜绝这些现象的发生。

另外，众筹平台欺诈事件也层出不穷。大部分股权众筹平台只是根据项目发起人提供的资料对项目的完整性及可行性进行审核，缺乏统一、严格的操作标准，这里就存在弹性和操作空间。众筹平台为了吸引投资者关注，给投资者营造良好的投资氛围，有可能在部分规则制定上趋于严格，但是为了吸引项目发起人的关注，吸引更多的项目在众筹平台上发布，有可能在部分关键规则制定和执行上趋于宽松。由于投资者处于信息弱势地位，对于相关规则不是太熟悉，可能在无意识情况下做出高风险投资决策,一旦项目实施不成功,投资者投入资金就无法收回,从而影响投资者的利益。平台的信用风险还存在于资金托管方面,由于我国目前没有针对资金存放的明确规定,仍有部分平台独自保管众筹期间投资者的出资资金。因此,这类众筹平台在项目众筹期间实际上充当了支付中介的角色,如果整个资金流转过程没有独立的第三方资金托管部门,也未受到监管机构的监督,一旦众筹平台出现信用危机,投资者的出资将难以追回。所以,需要建立完善的信用机制和黑名单制度,将股权众筹融资过程中的失信方加入黑名单,最好能与其他金融机构的征信体系联系起来,使失信者寸步难行,为股权众筹行业的健康发展保驾护航。

第三,投资者手中的股权流动性差,缺乏有效的退出机制。目前,股权众筹的退出方式主要有公开上市后从资本市场上退出(包括在主板、创业板、新三板、区域性股权交易中心等)、收购兼并、企业回购和破产清算四种类型。由于众筹项目几乎都是初创的小微企业,需要经营很长一段时间才能成熟,可见众筹得来的初创企业股权,退出通常比较困难。对于股权众筹投资者来说,公开上市后从资本市场上出售其股权是最理想的退出方式。一旦公司上市成功,投资人所持有的股份就可以实现快速升值,从而获得超额收益,但是目前我国股权众筹项目成功上市公开发行的案例还非常少。

当前,通过股权交易中心实现众筹项目股权的流通是比较可行的退出方式之一。如"京北众筹"已分别与上海股权托管交易中心、北京股权交易中心签约战略合作协议,对在"京北众筹"平台上成功融资的项目进行登记、挂牌并尝试以基金份额转让的方式实现流通。在实际操作中,由于大多数股权众筹企业都是初创企业,能够被收购兼并的只是极少数,对绝大部分发起项目来说都很遥远。欧洲风险投资协会报告表明,在欧洲只有15%风险投资通过并购实现了退出,以上市后出售股权方式退出的概率就更低,只有5%。若以破产清算方式退出,投资者不仅可能收益不保,甚至还要亏本。"36氪"平台设置的"下轮氪退机制"虽然规定比较明确,但在实际运用中也存在诸多障碍,能够达到退出情景的项目并不多。由此可见,当前我国股权众筹退出机制尚未建立,成了制约股权众筹发展的制约因素之一。

第四,缺少完善的知识产权保护机制,导致项目发起人在发布项目核心信息时存在诸多顾虑。股权众筹平台发布的项目大多处于研发期,多为未获得专利保护的创意或概念产品,因而难以受知识产权等相关法律的保护。股权众筹平台具有开放性,项目发起人提交的信息向所有经过认证的合格投资者开放,因此,其创意容易被其他同行、相关领域的从业人员剽窃。项目产品或创意一旦被剽窃,一是项目发起人维权比较困难,导致自身利益受损;二是容易引发恶性竞争,增强项目实施难度。即使有些发起项目具备申请专利的条件,但专利申请程序繁琐、时间过长,若项目在发起众筹之前未做好知识产权保护,也依旧很难杜绝被剽窃的结局。此外,项目发起人在发布项目信息时采用的文字、图片、视频等资料也可能会侵犯他人的知识产权,从而使项目发起人受到惩罚,导致投资者利益受损。

基于以上问题,笔者在此提出以下建议及改进措施:

第一,加快建立和完善众筹相关法律法规,明确众筹活动监管主体,以立法的形式保障众筹(尤其是股权众筹)的健康发展。JOBS法案免除了非上市企业通过私募方式募集资金时不得公开宣传的限制,但要求参与其中的投资人均为认证投资人,同时,此类募集将不会因为公开宣传而被视为公开募集。这一举措使非上市企业在募集资金时可以进行更为广泛的宣传、推介,扩大了参与众筹项目投资的投资人群体,大大促进了众筹在美国的发展。我国股权众筹活动要开展,首先要解决的就是合法性问题,可以借鉴美国 JOBS 法案的中相关规定,对参与股权众筹的各主体(包括项目发起人、众筹平台以及投资人)作出明确界定,设立专门的监管部门对众筹活动的各个环节加强监督,并要求各参与主体必须接受行业自律组织的约束。对第三方资金存管制度做出明确界定和规范,堵上风险漏洞,以保障投资者资金的安全性。

第二,制定完善、合理的信息披露机制,降低信息不对称导致的股权众筹融资风险。在信息不对称条件下,不完全的信息披露非常容易使投资人利益受损,但如果信息披露过多则有可能损害项目发起人的知识产权。因此,信息披露存在比较大的张力,如何制定完善的、合理的信息披露机制成了解决这一利益困局的关键途径。此外,还需严格把控平台的审核机制,设立一定的融资项目审核标准,并要求众筹平台承担一定的审核责任,可以降低众筹平台的道德风险。

第三,建立知识产权保护制度,鼓励项目发起人申请专利,同时加大对剽窃、复制的惩罚力度。对于抄袭众筹平台项目的个人或企业,监管部门应设置相应的判定方法和惩治措施,减少盗版项目的产生,保护项目发起人的合法权益。

第四,完善征信制度,实现征信信息共享。征信体系是股权众筹存在的重要基础,完善征信制度,尽快建立集信贷征信、工商登记、税收社保缴纳、交通违章等各类信用记录于一体的统一大数据平台,将股权众筹融资信息纳入企业诚信体系范畴,投资者在决策时可以自行查询企业信用信息,增强投资者信心。

第五,建立股权众筹平台准入和投资者退出机制,健全投资者保护制度,完善投资者退出方式,保护投资者利益。鼓励实行平台注册制,股权众筹平台需要到相关机构进行注册,合理界定众筹平台的准入门槛,有效提高众筹平台的质量;鼓励监管部门对平台建立惩治制度以及平台的退出机制,杜绝平台"跑路"现象。进一步建立和完善投资退出途径,建议在项目筹资成功初期就建立起有效的投资退出机制。同时,众筹平台应加大投资者培育力度,提升投资者的风险辨识与风险防控能力,使其风险意识与风险收益相匹配,提高退出的成功率。此外,建立有效的投资者保护机制,对投资者进行投资前教育及风险提示,并且设定适当的投资者"门槛",尽可能找那些与市场风险匹配的合格投资者参与投资,可以有效降低股权众筹的投资风险。

第六,建立以第三方专业机构为主导的项目评估机制,增强项目估值的准确性与合理性。第三方专业机构所掌握的数据资源和行业信息较为全面,而且机构地位本身相对独立,提供的评估信息也更为准确、可信度更高,可以为投资者进行投资决策提供参考。

第三节 我国股权众筹发展趋势

在"大众创业、万众创新"的指导方针下,鼓励发展众创、众包、众扶、众筹等模式成了新形势下的热点方向,尤其是以股权众筹为核心的互联网众筹行业,对于解决初创公司融资难、融资贵等问题具有良好成效。目前,我国互联网众筹行业发展势头迅猛,从政策层面、平台层面再到行业层面,从法律法规、信用体系再到风控体系正逐渐走向成熟。盈灿咨询研究数据显示，[1]截至2016年11月底，全国正常运营的众筹平台数量达430家，比2015年底增加了147家，从2016年1月开始，几乎每月都呈增长趋势，2018年正常运营众筹平台数量有望进一步提高。从2016年1月至11月底，我国已成功的众筹项目融资规模达156.35亿元，超过2015年全年的114.24亿元。2017年，中小股权众筹平台在各细分领域开始崭露头角，已经出现各个细分领域的标杆众筹平台。

股权众筹行业作为新兴融资模式，其迅猛发展也引发了一系列监管难题。2016年10月，证监会等十五大部委印发《股权众筹风险专项整治工作实施方案》，将非公开募集股权融资列为整治对象，并为其设定若干红线，明确界限股权众筹行为的相关规范和标志，不少平台都会在监管整治下进行整改或退场。由此可见，随着股权众筹相关政策的落地以及监管力度的加强，该行业将进一步朝着规范化、多样化、生态化的方向发展，具体体现出以下发展趋势：

第一，随着相关政策和监管措施的进一步落地，股权众筹行业将朝着规范化方向发展。股权众筹本质是一种小额私募权益性融资，在运作过程中，充分利用互联网技术和网络平台的宣传和推介功能，向网络平台上经过认证的投资者募集资金。但是，网络化的融资流程在传统证券融资的法律法规中没有明确界定，容易陷入非法集资的灰色地带，因此，股权众筹的合法性成了各国股权众筹行业发展过程中面临的共同性问题。

欧美对股权众筹发展的诉求响应较快，及时颁布了相关法案明确股权众筹的合法地位，并出台了相关监管措施来促进其

---

[1] 盈灿咨询："众筹平台增至430家　风投或将加速进入"，载 http://m.sohu.com/a/123376944_123753，访问日期：2017年1月4日。

第二章 我国股权众筹发展现状及存在的问题

健康发展。比如，美国颁布的 JOBS 法案和 SEC 出台的众筹监管法规，英国金融行为监管局（FCA）发布的《关于网络众筹和通过其他方式发行不易变现证券的监管规则》。我国在 2015 年颁布了《私募股权众筹融资管理办法》，为股权众筹提供了一个更加宽松和充满活力的创新法律环境，为促进股权众筹市场的发展奠定了基础。人民银行等十部委发布的《关于促进互联网金融健康发展的指导意见》明确给出了股权众筹的定义，指出股权众筹融资主要是指通过互联网形式进行公开小额股权融资的活动，并从金融行业健康发展的全局出发，明确了互联网金融监管的责任，提出股权众筹融资业务由证监会负责监管。我国股权众筹行业法律地位的明确和监管思路逐渐清晰，为该行业的规范化发展奠定了扎实基础。

第二，股权众筹在我国呈现出社交化发展态势，逐渐形成"融钱、融资源、融圈子"的发展形态。互联网技术、APP 应用程序和智能手机的普及正改变着人们的生活和社交习惯，同时也为人们的投资行为带来了非常大的便利。随着互联网社群渗透到生活的方方面面，人们开始习惯用手机访问股权众筹网站，随时关注股权众筹动态，并与朋友圈进行互动，相互咨询具体项目信息。智能设备为大家进行股权众筹互动交流提供了便利条件，有意向的投资者也可以通过社交圈时刻关注股权众筹的新动向，甚至还可以通过社交圈建立在线投资群。

由此可见，未来的股权众筹将有可能在特定的社群中发生与进行，通过熟人圈的口碑相传监控项目发起人的诚信，从而减少虚假和欺诈行为的发生。从美国股权众筹平台的发展情况来看，构建社交圈子已经成为平台增加活跃度和用户黏性的关键手段，因此，社交化将是股权众筹发展趋势之一。如何对社交群的股权众筹进行规范化指导和风险监督也是相关监管部门将面临的难题之一。

第三，围绕小微企业发展所需资源和环境，股权众筹行业已呈现生态化发展态势。股权众筹的主要目的是打通小微企业创业初期融资困境，扶持其发展成熟，使投资者能够从小微企业的发展壮大中获取高额收益。因此，股权众筹成功的关键在于发起项目能够健康成长。然而，小微企业的发展壮大不仅需要资金支持，还需要一系列的资源环境，如创业训练、创业服务等。因此，需要股权众筹平台围绕小微企业所需资源环境，提供相关创业服务，提高众筹平台的专业化服务水平。

由此可见，生态化发展是股权众筹未来发展的一大趋势，主要体现在两方面：一是股权众筹平台将与孵化器、创业训练、天使投资基金、创业者、创业服务者等建立连接，为靠谱的创业者提供创业系列服务，从而培育出大量优质、有发展潜力的好项目，并借助于实用性强、适用性高、发展空间大的项目，提高众筹平台的知名度和业界地位；二是股权众筹平台将与国内新三板、区域性产权交易所、证券交易所及境外各类证券交易市场建立广泛联系与有效衔接，成为这些股权交易市场的前端、交易标的的输送者和提供者，从而使股权众筹能够成为多层次资本市场体系中不可或缺的一环，实现与其他股权交易市场的有机衔接，发挥其独特的股权融资作用。

第三章 我国股权众筹运作机制功能分析及优化

第一节 我国股权众筹运作机制概述

在实际运作过程中，股权众筹平台设置了一系列的运作机制，以提高自身服务能力和融资成功的可能性。为了在充分竞争的互联网环境中吸引投资者的关注，项目发起人需要尽可能及时披露项目相关信息，否则投资者会因难以做出全面、准确的判断和理性的投资决策，而选择放弃项目。一般情况下，项目信息披露越充分、可信度越高，获得投资者支持的可能性就越大，因此，股权众筹平台在运作过程中对项目发起人提交的筹资信息进行一定程度上的规范和约束，设置了相应的信息发布机制，以提升项目发起人信息供给、更新的动力以及信息发布有效性，这在一定程度上弱化了投融资双方的信息不对称程度。与此同时，股权众筹平台对项目信息的审核在一定程度上可以减少虚假信息发布的可能性，降低投资者搜集及鉴别信息的相关成本，为投资者从众多发起项目中进行投资决策提供了便利条件，提高了众筹融资效率。

项目在平台上线时，需预先确定项目融资金额及融资期限。目前，多数股权众筹平台均采取"全部或零"的融资阈值机制，即若项目在截止时间内获得的投资金额等于或超过预设的融资阈值,即表示融资成功,众筹平台便会把所募集资金按约定一次或分批拨付给筹资者;否则即代表融资失败,众筹平台会将前期筹集的全部款项返还投资者。这一运作机制的设置具备两方面的功能:一是及时淘汰低质量、不被大多数投资者看好的发起项目,提升众筹平台运项目的整体质量,降低投资风险水平;二是由于投资者的资金具有稀缺性,预先排除劣质项目,可以将稀缺资金集中用于优质项目,提高项目后期运作成功的可能性,提高众筹平台融资匹配和资源配置效率。从各众筹平台的实际运作情况来看,质量较高的项目容易受到投资者青睐,不仅能快速超过预先设定的融资阈值,还可能获得超额融资,获取充裕的现金流以支持项目超速发展。

为了降低普通投资者由于缺乏专业知识或投资经验而带来的风险,多数股权众筹平台都设置了"领投+跟投"机制。领投人可以获得一定的优惠投资条件(如项目发起人给予的一定数量的赠送股权、优惠的投资价格、产品和服务奖励等),激励其在项目筹资前进行尽职调查,在筹资成功后对项目进行持续的后期跟踪管理及监督,并将调查的资料与普通投资者分享。与此同时,跟投者可以节省大量的时间、精力、决策成本和监督成本,获得投资机构的专业投资服务。

为了确保股权众筹运作过程中资金的安全,多数股权众筹平台都设置了资金管理机制,杜绝筹资过程中资金被众筹平台挪用、侵占等现象,同时,对筹资方在项目众筹成功后合理使用资金进行有效的监督及约束。整个股权众筹运作过程中都存在着一定的风险,众筹平台作为参与主体之一,通常需要设定相应运作机制对风险进行全过程把控,从而保护投资者的利益。

股权众筹平台在实际运作过程中设置的运作机制,对于降

第三章 我国股权众筹运作机制功能分析及优化

低融资成本、提高融资效率、弱化信息不对称程度等都起到了积极作用。各机制存在于股权众筹运作过程的不同环节，具体如图3-1所示：

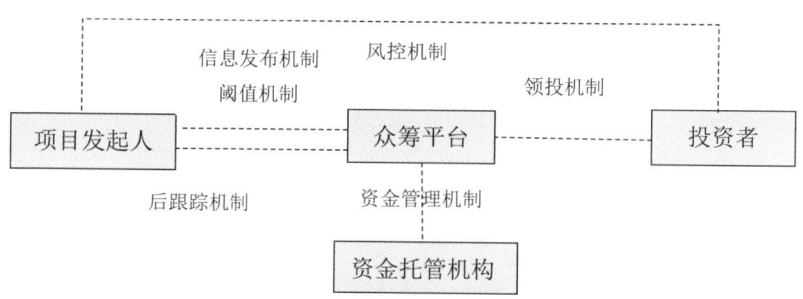

图3-1 股权众筹运作机制设置

信息发布机制是指发起人把项目相关信息提交给众筹平台，众筹平台组织人员对提交的项目信息进行审核，信息发布机制主要涵盖了信息披露（包括信息动态更新）、交流反馈等方面。审核通过后确定项目发布的形式和内容，通常情况下，发布信息采用图片与视频相结合的方式，从多个角度、全方面呈现项目具体情况，发布信息通常涵盖了项目发起人的资质、产品或服务的价值、效用和特色、项目研发进度和目标、需要大众支持的原因和目标筹资金额等方面。

阈值机制是指项目发起人根据项目情况设定最低筹资金额及筹资期限，若在规定的期限内众筹金额达到或超过最低限额则筹资成功，众筹平台会将募集到的资金拨付给项目发起人；否则视为股权众筹筹资失败，众筹平台将之前募集到的款项通过第三方资金托管机构返还给已交付资金的投资者。

"领投+跟投"机制即选择具有较强行业影响力和丰富投资经验的专业人士作为领投人，对发起项目进行尽职调查，做出专业的投资分析、价值判断，并进行后期跟踪和监督，其他普通投资者可以根据自己的兴趣以及对领头人的信任做出投资决策。一般情况下，领投人需向众筹平台申请，通过相关资质审核后经项目发起人同意方可成为领投人，领投人负责对项目进行尽职调查，提供尽职调查报告并全程跟踪项目，项目筹资成功后参与项目管理，协调筹资方与跟投人之间的关系。跟投人可以根据领投人发布的项目调查和跟踪信息，决定是否参与此次众筹投资。

资金管理机制是指在股权众筹运作过程中，投资者认投项目所出资金一般先存入独立的第三方托管机构，由第三方托管机构负责资金托管，代理众筹平台在投资者账户、众筹平台账户与项目发起人账户之间进行资金划转，以防止资金被挪用，保证资金安全。在股权众筹融资成功后，第三方托管机构经投资人同意并根据众筹平台的指示再将款项一次或分批转给项目发起人。

由此可见，我国股权众筹在运作过程中已初步形成具有自身特色的一系列运作机制，其中，信息发布机制、阈值机制、"领投+跟投"机制、资金管理机制作为核心和关键机制在节省股权众筹运作成本、控制筹资风险、提升筹资效率方面起着至关重要的作用，甚至决定着股权众筹融资的成败。

第二节 信息发布机制的功能分析及优化

项目发起人在股权众筹平台上发布的相关信息是投资者了解项目的主要途径和方式。合理设置信息发布机制可以有效帮助投资者了解并锁定投资项目，减少股权众筹投融资双方信息不对称程度，降低投融资风险。从各股权众筹平台的实际运作情况来看，信息发布机制主要包括信息披露和交流反馈，其中，

第三章 我国股权众筹运作机制功能分析及优化

信息披露又包含项目初始信息发布以及众筹过程中的信息动态更新；交流反馈可以通过众筹平台上的评论社区或线下沟通来进行。信息发布机制设置的目的是为了减少信息不对称、降低投资者收集和鉴别信息的成本、增强信息的流动性等，具体如图 3-2 所示：

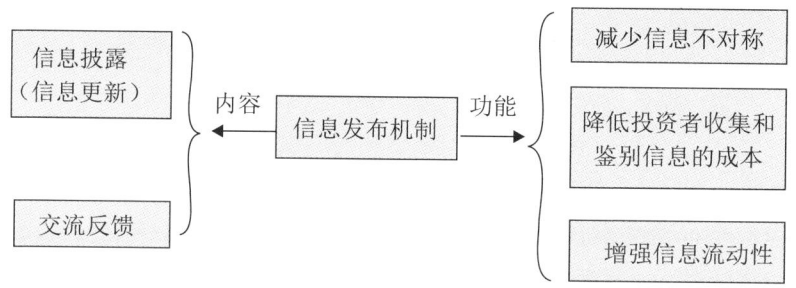

图 3-2 信息发布机制的内容及功能分析

一、信息发布机制的内容

信息发布机制是指股权众筹平台为规范项目发起人提交的筹资项目信息内容，尽可能保证项目信息披露的真实性、及时性、有效性和准确性而设置一系列信息发布和审核规则。其内容包括信息披露机制和交流反馈机制两方面，涵盖了信息发布标准和规则、信息审核、信息定期与不定期动态更新、评论社区的交流互动等。该机制的主要目的是保障投资者的知情权，营造公开、透明的投融资环境，降低投资风险，维护投资者利益。

股权众筹过程中信息披露的主体包括项目发起人以及众筹平台，并且，项目发起人的信息披露起到至关重要的作用。从当前各众筹平台设置的要求来看，项目发起人需要披露的信息主要包括：发起人主体成立日期、公司高管及各自任职时间与相关任职经历、股权结构与出让股权比例、公司地址、公司网站以及联系方式等。针对筹资项目，项目发起人还需要披露项目过往的经营状况、财务信息、未来经营计划以及未来盈利预期等。

此外，为了保障普通投资者的知情权，股权众筹项目发起人在众筹成功后仍有义务向投资者定期和不定期披露项目进展情况和重要变更事项，及时更新项目相关信息，以便投资者能够更好地了解项目实施及进展情况。一旦发现项目发起人没有按照规定及时发布相关信息，众筹平台将向投资人进行风险警示，提示投资人采取相应的风险防控措施，如暂缓或终止下一批次拨款、采用法律诉讼手段保护自身权益等。项目后期运作信息发布规则是项目后跟踪机制的重要途径和手段之一，对于降低项目运作风险、预防重大欺诈和风险事项发生具有重要的防控作用。

部分股权众筹平台设置了评论社区，以方便项目发起人与投资者之间进行更加深入的交流互动。通过评论社区，投资者可以从消费者角度对发起项目的产品和服务提供改进建议，甚至参与到产品服务的设计和开发中来，从而使项目发起人提供的产品和服务更加贴近市场需求，降低项目运作的市场风险。项目发起人可以通过评论社区与众多项目关注者进行不定期沟通，对支持者的关注表示感谢并进行互动交流，从而吸引更多投资者及潜在消费者关注，让他们有被重视的感觉，提高投资者和消费者的客户体验。投资者可以通过评论社区发表自己的观点和建议，提出存疑问题并寻求项目发起人或其他投资者的解答，从而甄别项目风险和收益情况，帮助自己做出有效的投资决策。

二、信息发布机制的功能分析

信息发布机制是股权众筹的核心运作机制之一，在项目发

起人与投资者的沟通交流过程中起着至关重要的作用,其功能主要体现在以下三个方面:

第一,信息发布标准和信息审核机制能够有效降低项目发起人与投资者之间的信息不对称性。由于众筹平台上发布的股权众筹项目多为小微初创企业,其信息获取渠道非常有限(如这类企业不像上市公司需要定期发布财务报告;潜在投资者人数众多但地理位置相对分散,很难组织起来对企业进行实地调查;众筹平台上认证的投资者多为普通个人投资者,缺乏专业的投资技能来收集相关信息并进行价值判断等)。因此,项目发起人与潜在投资者之间存在更为严重的信息不对称,并引发投资者的顾虑,从而阻碍股权众筹融资效率。众筹平台通过设置信息发布机制从专业角度对项目发起人提交的项目信息进行规范和要求,并对其提交信息的真实性进行审查,从信息源头对其真实、有效性进行把关能够有效减少股权众筹投融资各方的信息不对称程度,为投资者有效决策提供信息基础。

第二,信息动态更新机制能够有效降低投资者收集信息、鉴别信息的成本,提高股权众筹融资效率。项目发起人披露的信息是投资人决定是否参与投资的关键因素,项目发起人披露的信息越充分,双方信息不对称程度越低,投资人对该项目的关注意愿越强,股权众筹融资效率越高。但在股权众筹运作过程中,项目发起人与投资者之间的信息沟通经常存在障碍(如项目发起人并非投融资领域的专业人士,发布信息不一定能够切中投资者的关注点;由于众筹平台知识产权保护机制还不健全,项目发起人对于关键技术信息发布存在顾虑,导致投资者不一定能完全理解发布信息的相关内容;项目发起人与潜在投资者在沟通过程中存在信息流失,甚至信息扭曲和信息失真现象等)。在此情况下,投资者对于感兴趣的项目会有进一步深入了解的需求。

信息动态更新机制为投资者深入了解发起项目具体内容提供了相对便捷的途径。众筹平台要求众筹成功的项目发起人必须根据项目进展情况及时更新项目信息（包括向投资者定期发布最新的研发成果、市场调查、盈利状况等情况；向投资者不定期发布公司重大变更事项）。一方面，可以向投资者展示项目的进展情况，凸显项目发起人的努力程度和工作成效，从而降低投资人因项目后期监控难度大而感到的不确定性，增强投资者的投资体验和投资客户黏性；另一方面，项目信息动态更新也是项目发起人与投资人之间的互动交流形式，可以提高投资人对项目发起人的信任程度，增强投资信心，甚至可以在项目运作出现困难时出谋划策、施以援手，营造良好的投融资氛围。

第三，信息交流反馈机制能够进一步增强信息的流动性，吸引更多潜在投资者和消费群体对项目加以关注，提高股权众筹成功的可能性。许多众筹平台还开辟了评论社区，参与该项目（或者是对该项目感兴趣）的股权众筹投资者可以在评论社区中与项目发起人及其他投资者进行交流互动，大家就项目产品和服务设计、功能实现、用户体验、投资经验进行讨论和分享，集大家之力对项目进行完善、推广和宣传。这在一定程度上增强了项目的关注度，提高了股权众筹融资效率和项目后期运作成功的可能性。研究表明，股权众筹平台的评论社区对于项目推广及项目筹资具有重要的媒介宣传作用，评论社区的氛围越符合参与者的个性、评论社区价值观与参与者越接近、评论社区在参与者感兴趣产品上提供的信息及设计理念越丰富，就越容易使社区参与者产生认同感，并引发相应的投资和消费行为。与此同时，投资者在众筹过程中对项目的评价和反馈，可使项目发起人获得改进产品和服务的有价值信息，并利用这些信息进一步完善其产品和服务,从而提升项目价值,达到共赢效果。

由此可见,信息发布机制从信息披露、交流反馈等方面对参与三方进行有效的约束和规范,从而减少股权众筹投融资双方信息不对称程度,降低投资者收集和鉴别信息的成本,增强项目信息的流动性,一定程度上为股权众筹的顺利进行提供保障。

三、信息发布机制优化

1. 信息发布机制存在的问题

众筹平台作为股权众筹的互联网中介平台,为股权众筹参与各方提供了信息沟通交流途径,从而提高投融资和资源配置效率。但由于当前我国在股权众筹信息发布方面并没有统一的规范和标准,对众筹成功后项目发起人的信息披露也没有相应的硬性要求,从而导致各众筹平台在信息发布规则设置中存在一系列问题。其主要体现在以下几方面:

第一,各众筹平台虽然设定了各自的信息提交和审核标准,但由于缺乏相应的监管要求,从而导致各平台的审核标准不一,审核标准的可靠性、可行性不得而知。有的众筹平台要求项目发起人提交的信息比较全面,审核比较严格;有的众筹平台则只要求提交项目介绍、团队介绍等基本信息,审核标准也相对比较宽松。各众筹平台的信息发布和审核标准不一,可能为项目发起人提供寻租空间,并引发相应的道德风险和逆向选择问题,从而增加股权众筹融资风险事件发生概率。

第二,对于项目发起人虚假信息披露行为缺乏有效的惩戒措施,甚至出现众筹平台与项目发起人合谋现象。信息披露制度不完善会大幅提高投资者的投资风险,并严重阻碍股权众筹行业的发展。一方面，由于股权众筹发起项目多为小微初创企业，各类信息（尤其是财务信息）不是很完善，投资者获取这类企业信息的有效途径较少（如不像上市公司有定期、不定期披露信息的要求），从而导致项目发起人处于绝对的信息优势地位，普通投资者更多地依赖于其在众筹平台上发布的信息做出投资决策。然而，项目发起人为了股权众筹融资成功，获得更高的项目估值有很强的动力对披露的项目信息进行粉饰，采取选择性信息披露，大量过度披露利好信息，隐瞒粉饰利空信息，甚至伪造虚假信息，从而误导投资者的投资行为、损害投资者的利益。因此，众筹平台设置的信息发布规则不明确、标准不统一、缺乏有力的虚假信息发布惩戒机制，会给项目发起人提供可乘之机。

另一方面，目前，我国众筹平台的收入模式相对单一，主要来自于对众筹成功项目收取的手续费（绝大多数情况下，平台不会对众筹失败项目收取任何费用，一旦规定对其收费，会大幅减少平台上的申请项目数量）。在这种盈利模式下，众筹平台为了存活下去和获取短期利益，会有很大动力与项目发起人合谋，如放松信息审核标准，对项目发起人提交的信息"睁一只眼、闭一只眼"，从而增加上线项目数量，提高交易额度，谋求更多短期收益。长远来看，这种行为无异于"杀鸡取卵"，短期成功项目和成交额上升是以提高众筹融资风险、损害投资者利益为代价的，随着项目后期运作风险的暴露，会对整个股权众筹行业的健康可持续发展产生严重影响。

另外，缺乏相应的知识产权保护措施导致一些具有核心技术、专利技术的项目发起人对信息发布机制产生一定的抵触情绪，从而在无关痛痒的信息上进行过多披露，在关键信息上采取回避措施，并在项目后期运作进展方面缺乏信息披露动力，

第三章 我国股权众筹运作机制功能分析及优化

进一步影响信息披露的及时性和有效性。部分众筹平台只要求项目发起人每年披露财务报表,而在临时重大事项的披露上并没有做过多要求,导致投资者无法及时了解项目进展情况和重大变更,从而提高投资风险。

因此,信息发布规则不明确、各众筹平台缺乏统一的执行标准、缺乏有效的虚假信息披露惩戒措施、对众筹平台信息审核缺乏监管,是当前我国股权众筹信息发布机制所引发的主要问题。

2. 信息发布机制的优化途径

针对当前股权众筹信息发布机制引发的一系列问题,可以从完善信息发布规则和标准、建立虚假信息发布的惩戒机制,加强对众筹平台信息发布审核的监管等方面进行相应的设计和优化,具体优化思路和途径如图3-3所示:

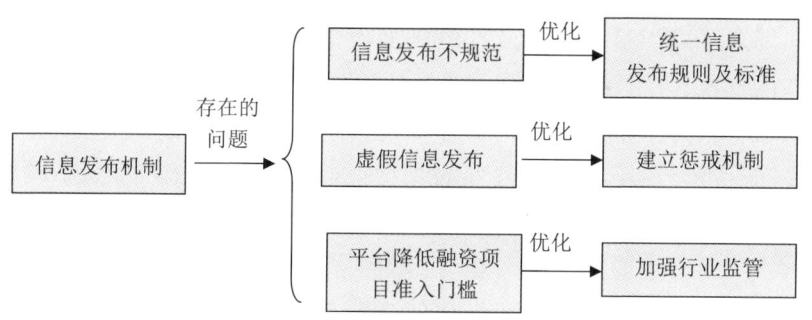

图3-3 信息发布机制存在的问题及优化途径

第一,完善信息发布机制,建立统一的信息发布规则及标准,防控项目发起人在不同平台之间的寻租空间。众筹平台作为股权众筹的中介和桥梁,应该对项目发起人提交的信息进行统一规范和严格审查,以确保发布信息的真实、有效性。在项目众筹阶段,明确规定信息发布的内容、形式和标准,除项目介绍、融资金额、融资期限、项目团队等基本信息外，还需要对企业财务状况、公司治理结构、盈利能力、价值评估和风险提示等信息进行详尽披露，为投资者做出理性投资决策提供信息基础。在项目众筹成功后，建立定期和不定期信息披露机制，要求项目团队定期（每月、每季度、每半年、每年）提交财务报告，并对公司重大变更事项（如产品和服务调整、项目主要成员的变动、重大投融资行为、股权结构变动、重大风险事项等）进行不定期报告。

目前，各众筹平台之间的信息相对封闭，对项目发起人信息发布的要求也存在一定的差异，有些平台要求和审核比较严格；有些平台为了吸引更多项目入驻，对于信息发布的要求和审核比较宽松，为项目发起人提供了一定的寻租空间。在实际运作过程中，甚至出现了有些项目发起人利用不同平台信息发布要求不同，将一个项目打包成多份信息同时在不同平台上发布的现象，严重损害了投资者的利益和行业的健康发展。因此，打破各众筹平台之间的信息孤岛现象，建立起相对统一的信息发布标准，压缩项目发起人的寻租空间，使各平台着力于不同类型项目股权众筹服务的差异化竞争，对于该行业的健康可持续发展具有重要意义。

第二，完善信息发布失信的惩戒机制，明确信息发布失信的惩罚措施，建立失信黑名单制度，加大项目发起人的失信成本。当前，我国股权众筹信息发布质量不高、虚假信息披露现象频发与失信惩戒机制不完善密切相关。甚至出现了部分项目发起人在一个平台发布虚假信息被查后，又改头换面将项目信息包装一下在另一个平台发布的现象。防范这一现象发生的有力措施就是建立统一的失信黑名单和严格的失信惩戒机制。如资金划转前，众筹平台和投资者可以与项目发起人签订协议，

第三章　我国股权众筹运作机制功能分析及优化

一旦发现项目发起人在众筹过程中提交了虚假信息，项目发起人必须向众筹平台和投资者进行经济赔偿，众筹平台和投资者保留法律诉讼权利；众筹成功后采用资金分批划拨方式划转资金，项目后期运作过程中，如果项目发起人没有按照要求进行定期和不定期信息披露，将在一定程度上影响后期资金划转；众筹平台还可以根据项目发起人信息披露情况，对投资人进行风险提示等。

此外，在各众筹平台之间建立起统一的失信黑名单，明确规定进入失信黑名单人员的受限事项。如多长时期内禁止在众筹平台上发布项目，众筹平台生态圈内贷款受限等。甚至可以尝试将众筹平台上的失信黑名单信息与金融机构、社会征信机构征信系统相连接，在更多方面（如金融机构的贷款、出行等）对失信人员进行限制，加大虚假信息发布的违约成本，提高股权众筹信息透明度，为投资者营造公平透明的市场环境。

第三，加强对众筹平台的监管力度，督促众筹平台对项目发起人提交的信息进行严格审查，预防众筹平台与项目发起人的合谋现象发生。为了防止众筹平台因自身利益而降低众筹项目的准入条件，放松信息审核标准，相关监管部门应该加大对股权众筹平台的监管力度，定期抽查众筹平台项目运作情况，对于造成严重后果和重大投资欺诈的事件，应同时追究众筹平台的主观过错，根据造成后果的严重程度予以相应的警告、罚款、整改甚至关停等处罚。与此同时，鼓励众筹平台建立和完善合理的多渠道盈利模式，保障众筹平台获取合理收益，使其能够同时兼顾短期和长期利益。

第三节　阈值机制的功能分析及优化

阈值机制是当前大部分众筹平台选择采用的一种运作方式，

即众筹平台要求项目发起人根据其项目和筹资情况，在发起众筹之前设置一个融资阈值和融资期限，在融资期限内，筹集资金达到或超过预先设定的阈值，表示项目众筹成功，第三方资金托管机构按照约定将资金划转至项目发起人账户，项目发起人进行股权转让并获得相应资金支持；如果融资期限内没有达到预先设定的阈值，表示项目众筹失败，第三方资金托管机构会将前期筹集的资金退回给已出资的投资人。阈值设置在一定程度上可以将不被大多数投资者看好的劣质项目及时剔除在外，预防项目后期由于资金筹集不足带来的运营风险。与此同时，防止部分项目通过过度炒作进行过高估值，对投资者起到一定的保护作用。另外，众筹平台上的投资者数量毕竟有限，资金承载能力也有限，前期剔除劣质项目可以将投资人的资金集中于有发展前景的优质项目。阈值机制的相关内容及功能分析如图3-4所示：

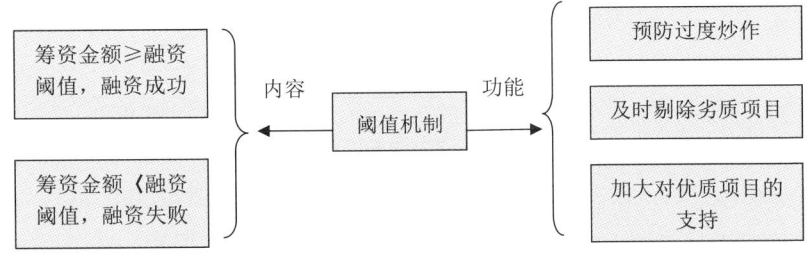

图3-4 阈值机制的内容及功能分析

一、阈值机制的内容

阈值机制是指众筹平台要求项目发起人在申请众筹融资项目时，必须预先设定最低融资金额及相应的融资期限。如果在规定的期限内，筹集资金达到或超过所设置的金额，就视为项目众筹成功，众筹平台将所筹集资金通过第三方资金托管机构

第三章 我国股权众筹运作机制功能分析及优化

划拨给项目发起人;如果在规定的期限内,筹集资金没有达到所设置的限额,就视为项目众筹失败,众筹平台将前期收到的众筹资金返还给投资人。由此可见,阈值机制的设置使得项目发起人只有在规定期限内达到其设置的阈值才能够进行新增融资。

二、阈值机制的功能分析

阈值机制是股权众筹平台最为常用的运作机制之一,其设置目的和功能主要体现在以下几个方面:

第一,阈值机制对项目发起人的过度炒作行为起到一定的预防作用。由于阈值机制的存在,一旦设定期限内没有突破项目发起人设置的阈值,前期已经认投的资金项目发起人也拿不到。这样的规则设置导致项目发起人在股权众筹发起前会审慎行事,倾向于对项目合理定价、合理设置筹资规模,甚至会为了吸引投资者关注以达到设置的融资阈值,可能相对压低股权出让价格,给投资者让出更多收益空间,这在一定程度上可以起到投资者保护作用。

第二,阈值机制可以起到一定程度的项目筛选作用。众筹平台上的投资者人数众多,大家所处的地理位置相对分散,很难组织起来对某个或某些项目进行集中分析和评判,也很难得出比较一致的投资意见。阈值机制的设置无形中起到了投资决策"民主集中"的作用,投资者可以根据自己的价值风险判断做出"同意投资"和"不同意投资"的选择。如果投资金额达不到设置的阈值,表明该项目不被多数投资者看好,项目众筹失败;如果投资金额达到设置的阈值,表明该项目被多数投资者认可,项目众筹成功。由此可见,阈值机制可以采用类似于"集体投票"方式,将不被多数投资者看好的劣质项目及时剔除，避免了这类项目在资金筹集不足的情况下盲目上马而引发的运营风险。

第三，阈值机制的设置可以将投资者有限的资金集中起来，加大对优质项目的扶持力度。众筹平台上投资者的资金具有稀缺性，在发起项目较多的情况下，资金过于分散会影响项目后期运作的整体水平，增加众筹平台发起项目的投资风险。及时剔除不被看好的劣质项目，可以将有限的资金集中用于支持发展前景好、整体质量高的项目，提高这些项目后期运作的成功率。另外，部分众筹平台融资额度设定阈值但不设上限，便于那些价值高、发展前景好的优质项目筹集到更多资金用于扩大生产、改善产品和服务质量，提升项目发展空间，促使优质项目快速发展壮大。再者，设定筹资期限能降低项目发起人与投资者的时间成本，提高投资者资金的周转效率，实现优质项目资源的不断更新。

三、阈值机制优化

1. 阈值机制存在的问题

融资阈值机制在一定程度上可以起到及时剔除劣质项目、预防项目发起人过度炒作、加大优质项目扶持力度等作用，是投资者保护机制构建的重要环节。但该机制在实际运作过程中也存在一些问题，具体体现在以下两方面：

第一，容易引发融资不足问题。如果项目发起人资金需求比较急迫，为了提高众筹成功的概率，有可能设置比较低的融资阈值，从而导致项目后期运作资金不足，提高项目运作风险。项目发起人在设定融资阈值时还会考虑相应的出让股权比例，一般情况下，融资阈值设定较低，项目发起人出让的股权比例也会比较少，这在一定程度上限制了股权众筹的融资规模和融

第三章 我国股权众筹运作机制功能分析及优化

资能力。

第二，缺乏合理的评估体系对发起项目定价进行引导。初创小微企业的定价一直是价值评估领域的难题：一是缺乏关键的财务数据做支撑，经常导致传统估值方法失效；二是未来前景不明朗，面临较大的不确定性风险，并且其风险很难准确测度。

在众筹平台上的发起项目多为小微初创企业，其产品和服务尚未成型，大部分项目还没开始盈利，市场发展前景和盈利能力等都存在着很大的不确定性，仅仅依赖项目发起人发布的融资信息，投资者很难对融资项目进行有效的估值。因此，多数情况下是由项目发起人根据自己的想法自行决定，主观性较强，缺乏专业的价值评估技术支撑，导致项目发起人要价与企业实际价值之间存在较大偏差。项目估值不合理引发的后续问题还会有很多，如果项目估值过高，投资者会因未来达不到预期收益而引发群体不满；如果项目估值过低，则会导致项目发起人因贱卖股权而带来成长障碍。

2. 阈值机制的优化途径

阈值机制的核心在于促使项目发起人对项目进行合理定价，但由于股权众筹发起项目多为小微初创企业，这些企业大都缺少具有参考性的财务和营运数据，对其准确定价具有一定难度，需要借助专业的第三方评估机构，提供相应的定价服务。

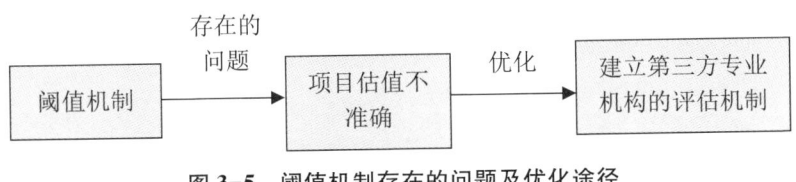

图 3-5 阈值机制存在的问题及优化途径

针对阈值机制设置过程中股权众筹项目估值不准确问题，建议以股权众筹平台为依托，建立独立的第三方专业机构评估机制，对项目发起人进行客观、合理的评估。一是第三方专业机构可独立于项目发起人和股权众筹平台，没有过多的利益牵连，可以做出比较客观的评价，并且，其掌握着丰富的数据资源和比较全面的行业信息，具有项目评估、资产定价等方面的专业经验，可以出具专业的项目评估报告，有效增强项目估值的准确性与合理性；二是股权众筹平台可以建立自己的专家库，集合广大社会资源为小微企业定价提供增值服务，从而增加项目发起人和投资者对众筹平台的黏性，提高众筹平台的服务能力，夯实众筹平台的核心竞争力；三是建立第三方专业评估机构监督制约机制，预防第三方评估机构与项目发起人合谋，故意高估项目价值、低估项目风险，从而损害投资者的利益。

第四节 "领投+跟投"机制的功能分析及优化

"领投+跟投"机制也是众多股权众筹平台经常采用的一种核心运作机制。由于股权众筹上聚集了大量的投资者，有些投资者并不具备专业知识和投资经验，对发起项目不甚了解，也没有过多的时间和精力去搜集发起项目信息，因此，很难从众多发起项目中高效锁定适合投资的项目。"领投+跟投"的运作模式在一定程度上提高了普通投资者的项目筛选效率，其具体内容及功能如图3-6所示：

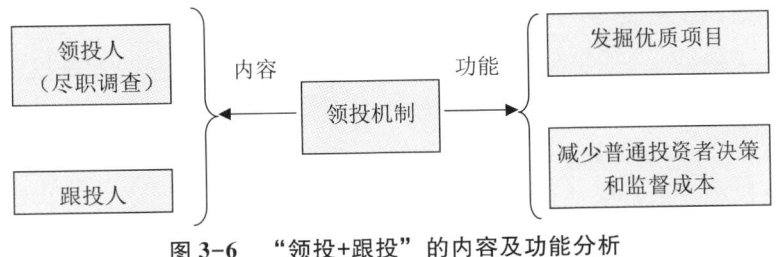

图 3-6 "领投+跟投"的内容及功能分析

一、"领投+跟投"机制的内容

"领投+跟投"机制是我国大多数股权众筹平台所采用的核心投资模式之一。众筹平台规定,项目发起人在发布项目时必须选定一家领投人,由领投人对项目进行尽职调查和全过程跟踪,并提供尽职调查报告和跟踪信息与普通投资人分享,普通投资者可以根据自己对项目的感兴趣程度以及对领投人的信任,选择是否进行跟投。

通常情况下,领投人为具有较强行业影响力和投资经验丰富的专业人士或专业投资机构,领投人需先向众筹平台申请,经相关资质审核后,再经项目发起人同意才可以成为领投人,并且领投人需在此次投资中占据较大份额。领投人负责对项目进行尽职调查,并在众筹成功后持续对项目进行后期跟踪,协调项目发起人与普通跟投人之间的关系,由于领投人在股权众筹过程中承担了较多的工作和责任,通常可以获得项目发起人的股份奖励、部分服务费以及跟投人的利益分成。跟投人通常为普通投资者,领投人通过分享投资经验,带领跟投人进行合投。

二、"领投+跟投"机制的功能分析

"领投+跟投"机制作为股权众筹的核心机制之一,在项目筛选和投融资对接中起到了关键作用，主要体现在以下两方面：

第一，"领投+跟投"机制能够充分利用领投人的专业投资技能从众多发布项目中挖掘有价值的优质项目。众筹平台对于项目发起人提交信息的要求和真实性审查并不能代表该项目具备投资价值，要从众多发起项目中挑选出具备发展潜力和投资价值的优质项目还需要更为专业的价值判断。并且，由于股权众筹上发布的项目多为小微初创企业，采用传统价值评估方法存在较多障碍和局限性，其价值评价更多依赖于投资者的行业识别度和投资经验。

"领投+跟投"机制中的项目领投人需要经过众筹平台的审核和项目发起人的认可，一般为专业投资机构或该行业具备较强影响力的专业人士，能够很好地识别该项目的价值。并且，领投人在此次股权众筹中占据最大的投资份额，其切身利益与项目发展前景密切关联起来，以确保此次投资决策的慎重和严谨性，从而获取广大跟投者的信任，有助于优质项目众筹成功。

第二，"领投+跟投"机制有助于节省普通投资者的时间、精力投入，减少普通投资者的投资决策和监督成本。众筹平台上存在大量的普通投资者，这些投资者虽然属于高净值人群，但普遍缺少行业和小微企业股权投资经验。另外，这些投资者并非专业投资机构（很大一部分具有其他职业，属于兼职投资），很难抽出大量时间和精力收集和分析发起项目信息。"领投+跟投"机制通过一定的激励措施，鼓励专业投资机构承担繁琐的前期尽职调查和后期项目跟踪任务，并将调查资料和信息公开与普通投资者分享，类似于普通投资者用很低的成本雇佣专业投资机构，获得其专业投资服务，从而节省投资过程中的时间和精力投入，提高对项目价值和风险的辨识能力。另外，由于领投人出资比例比较高，因而有较强的动力在众筹成功后对项目运作情况进行后期跟踪,这为跟投人提供了"搭便车"的机会,减少了跟投人对项目后期监控的成本。

由此可见,"领投+跟投"机制的设置有助于借助专业投资人对项目价值和风险的辨识能力,释放优质项目的投资信号,有效缓解项目发起人与投资者之间的信息差距,克服股权众筹过程中的逆向选择问题。并且,领投人为了自身利益,有动力做好项目后期的跟踪、管理,协调好投资者与项目发起人之间的关系,从而营造良好的投融资氛围,提高项目运作成功的可能性。

三、"领投+跟投"机制优化

1. "领投+跟投"机制存在的问题

"领投+跟投"机制是众筹平台针对发布项目和投资者特征做出的投融资运作规则和制度安排,利用领投人的专业投资能力解决了普通投资者项目识别和项目后期跟踪问题。该机制的设置对于提高股权众筹融资效率起到了积极作用,但在实际运作过程中也逐渐暴露出了一系列问题,主要体现在以下两方面:

第一,"领投+跟投"机制容易引发领投人与项目发起人合谋现象,从而损害普通跟投人的利益。本质而言,"领投+跟投"机制并没有改变普通跟投人由于缺乏相应的专业知识和投资技术、时间精力投入有限而处于的信息弱势地位,而是出于对领投人的信任做出跟投决策。也就是说,在这一机制下,普通投资者相对项目发起人和领投人而言均处于信息劣势地位,普通投资者假定项目发起人为了自身利益,有粉饰项目信息、高估项目价值的动机,因此,对项目发起人提供信息的真实有效性存有质疑。领投人在此次项目众筹中认投金额和股权比例最高,其切身利益与跟投者具有一致性,因此,领投人提供的尽职调查、价值评估和后期跟踪信息具有更高的可信度。

但是，这种引导性投资机制在监管缺失的情况下，往往容易引发领投人与项目发起人之间恶意串通，合谋高估项目价值，从而增加投资风险，损害普通跟投者的利益。如果领投人与项目发起人存在某种利益关联（如领投人从项目发起人处得到大量的补偿性收益、领投人与项目发起人本身就是关联企业等），跟投人又基于对领投人的信任进行跟投，通过众筹平台网络媒介容易产生"羊群效应"，引起众多普通投资者跟投，一旦项目运作失败或者项目发起人恶意欺诈，获得投资资金后转移资产"跑路"，投资者将承担严重后果。

第二，对于领投人监管制度缺失，是股权众筹风险的主要来源之一。领投人作为此次股权众筹的最大出资人，承担着对发起项目尽职调查、价值评估、投后跟踪等繁琐而重大的职责，跟投人对领投人公布的项目相关信息和价值判断具有更高的信任度。一些众筹平台为了扩大众筹融资规模，经常利用和夸大某些投资"大V"的投资经验来吸引广大普通投资者关注。由于当前领投人的信用信息无法公开查询，在此情况下，普通投资者容易盲目跟从，做出非理性投资决策。另外，由于股权众筹发起项目盈利能力，发展前景具有较高的不确定性，领投人的专业投资能力面对这类项目也会受到较大限制，并不能保证一定能挑出具备投资价值和发展潜力的优质项目，因此，这就需要参与股权众筹的跟投人自身具有较强的风险承受能力。

2. "领投+跟投"机制的优化途径

"领投+跟投"机制充分利用专业投资机构的投资能力带领普通投资者跟投项目，一定程度上提高了股权众筹的融资效率，但与此同时也引发了一系列问题，如领投人与项目发起人的合谋现象、政策及监管机制缺失等。针对以上问题，建议从规范领投人管理制度、建立和完善领投人征信体系,加强制度建设和监管等方面对现有"领投+跟投"机制进行优化和改进。具体如图 3-7 所示:

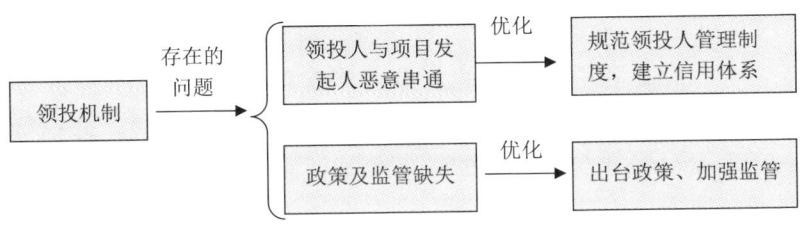

图 3-7 "领投+跟投"机制存在的问题及优化途径

第一,严格规范领投人管理机制,预防领投人与项目发起人合谋损害普通投资者利益的行为;建立领投人征信体系和失信惩罚机制,加大其违约惩罚成本。众筹平台作为领投人与普通投资者之间的沟通桥梁,对于领投人的资格审查负有责任和义务,这也是构建公开、透明投融资平台,营造良好的投融资氛围的关键点之一。众筹平台应该设定相应的规则和条款来规范领投人的筛选标准并进行严格审查,如领投人的资产规模、投资资质和投资经验、在行业和投资领域的声誉、征信水平、与项目发起人不存在重大利益关联等。与此同时,众筹平台需要与备选领投人积极沟通,使其明确领投人的履约职责,包括众筹项目发布过程中的尽职调查、发布专业的价值评估报告、督促项目发起人定期报告项目运作情况、项目后期运作过程中的信息跟踪、项目重大信息变更报告、重要风险事项提示等,并督促领投人尽职履责。

此外,建议众筹平台建立领投人征信体系。对于领投人在领投过程中的诚信程度进行评价和跟踪记录,将失信领投人拉入黑名单,根据失信程度实施相应的惩戒措施(如一定期限内禁止参与项目领投,甚至终身禁投等),对于因欺诈造成严重后果的行为可以付诸法律手段维权,加大领投人的失信成本。

第二,建立和完善相应的监管政策和措施,对众筹平台利用领投人进行过度宣传等行为进行严格监管,维护良好的股权众筹行业环境。在当前"领投+跟投"机制下,众筹平台出于自身利益,存在利用领投人的业界声誉夸大项目收益和价值,促使众筹融资规模扩大,从而收取更多中介费用的动机。这一行为的确可以提升众筹平台的短期业绩,但从长远来看,肆意夸大投资收益、隐瞒投资风险,损害投资者利益,最终将导致投资者对众筹平台,甚至使整个股权众筹行业丧失信心,给行业发展带来灭顶之灾。因此,建立相应的监管政策和措施,严禁众筹平台的恶意炒作行为,对于保障股权众筹行业健康可持续发展具有重要意义。

第五节　资金管理机制的功能分析及优化

股权众筹运作过程中涉及众多投资者资金的划拨,如何确保众筹过程中投资者资金的安全,防止筹集资金被非法挪用、占用,成了保护投资安全的关键环节。资金管理机制的内容和功能如图 3-8 所示:

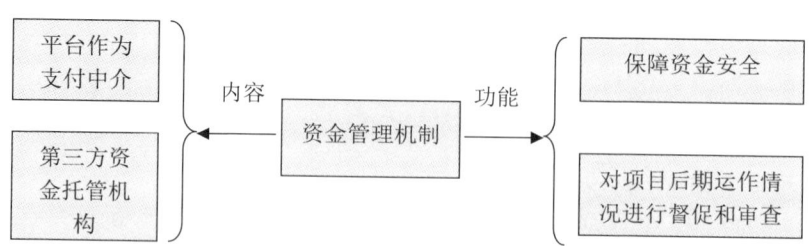

图 3-8　资金管理机制的内容及功能分析

第三章　我国股权众筹运作机制功能分析及优化

一、资金管理机制的内容

资金管理机制是指股权众筹过程中投资者资金的管理和保护机制。由于股权众筹存在一定的融资期限，有些投资者对发起项目比较看好，为了获得投资资格会尽快出资；有些投资者心存犹豫会等等看看。因此，融资期限内存在投资资金的托管需求。

股权众筹过程中投资者资金的保管通常有两种方式：一种是众筹平台自身承担支付中介的职责，对所筹集资金进行管理、支付和划转；另一种是将投资者认投项目过程中所出资金存入独立的第三方托管机构，由第三方托管机构保管认投资金，代理众筹平台在投资者账户、众筹平台账户与项目发起人账户之间进行资金划转，以保证资金的安全性。在项目众筹成功后，第三方资金托管机构经投资人同意并根据众筹平台的指令，将款项一次或分批次转给项目发起人。

独立第三方机构托管是目前最为常用的股权众筹资金管理机制，如"大家投"委托兴业银行推出的"投付宝"正是第三方资金托管的典型方式。众筹平台、投资人与第三方托管签订合约，约定将融资期限内投资者的出资款项转入在第三方托管机构设立的独立账户，等到项目众筹成功并签订投资协议后再由第三方托管机构将资金转入项目发起人账户。这在一定程度上避免了众筹平台直接经手管理资金而引发的资金挪用和侵占等现象，确保众筹期间资金的安全性。通常情况下，资金管理机制主要是指委托独立第三方机构进行资金托管这种方式。

二、资金管理机制的功能分析

资金管理机制在股权众筹过程中的功能主要体现在以下两

方面:

第一,防止投资者出资被挪用和侵占等现象,保障投资者资金的安全性。目前,我国股权众筹平台大多采用委托第三方资金托管机构对筹集资金进行划拨和管理。通过资金管理机制设计将投资者的资金存放于独立的第三方机构,可以规避众筹平台挪用、侵占资金的风险,这在一定程度上避免了投资者因资金被非法占用而遭受的利益损失,降低了投资风险。

第二,保障分批次划拨投资者认投资金的安全性,并对项目后期运作起到一定的督促和监督作用。许多股权众筹平台均采用资金分批到账方式划拨资金。项目众筹成功后先划拨一部分资金并提出相应的业绩要求;在项目运作的关键节点上,根据业绩要求对项目运作情况进行审查,并根据审查结果决定是否继续下一批次资金的发放,其可在一定程度上督促和激励项目发起人认真履责,持续保持良好的创业精神,避免因资金足额到账而引起资金滥用和过度消费行为。

三、资金管理机制优化

1. 资金管理机制存在的问题

资金管理机制在保障投资者资金安全、督促股权众筹成功的项目发起人认真履责方面起到了积极促进作用。但该机制在实际运作过程中也存在一些问题,主要体现在以下两个方面:

第一,缺乏强制性的资金托管规定,由此便存在法律和规则上的漏洞。针对股权众筹平台自身承担中介支付职责这种形式,投资者将所出资金打到众筹平台账户上,众筹成功后再通过众筹平台将资金划拨到项目发起人账户,其间资金的流转并没有委托专业的第三方托管机构进行资金托管,也没有相应的机构进行监控,众筹平台完全依靠自己的信用对资金进行管理。

第三章 我国股权众筹运作机制功能分析及优化

一旦众筹平台出现信用危机或者资金紧张、挪用资金,项目发起人便将不能按时拿到所筹资金,投资者也不能及时进行股权变更、按期收回投资和收益,这对于投融资双方来说都是极大的风险和损失。

目前,我国尚无相关法律对众筹过程中的资金托管机构做出强制性要求,这就意味着资金被挪用的风险仍然存在。此外,从项目开始到项目结束的一段时间内,被托管的资金会产生一定的收益,对该收益如何进行分配也没有明确的法律规定。

第二,分批到账方式有可能会导致项目资金紧张,影响项目发起人的积极性。分批到账方式虽然可以在一定程度上督促项目发起人保持创业热情、认真履行项目运作职责,但如果前期到账比例偏低,便容易导致项目运作资金不足,引发项目运作风险。另外,如果资金划拨业绩标准定得过高,会使项目团队过度关注短期业绩,从而忽视企业长远发展和规划,引发项目风险和价值损失。

2. 资金管理机制的优化途径

针对股权众筹资金管理机制存在的问题,可以从规范资金托管制度、明确收益分配机制等方面进行设计和优化,具体如图3-9所示:

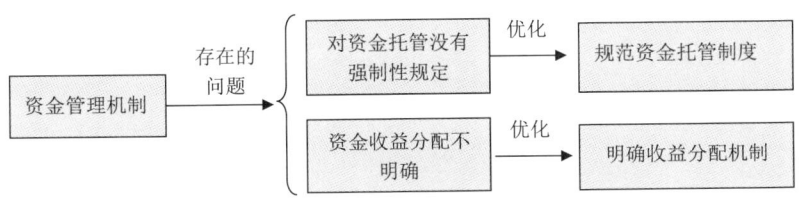

图3-9 资金管理机制存在的问题及优化途径

保障股权众筹投资者资金安全的有效方式就是建立第三方资金托管制度。在法律法规层面要求众筹平台引入独立的第三方机构负责资金托管,代理众筹平台在投资者账户、众筹平台账户与项目发起人账户之间进行资金划转,实现投资者资金、众筹平台资金与筹资者自身资金的分账管理;从制度层面限制众筹平台与项目众筹过程中所筹集资金的接触,从而有效地避免众筹平台挪用和侵占投资者资金而带来的投资风险。

此外,由于股权众筹运作过程中设置有一定的筹资期限,投资者出资与支付给项目发起人之间存在一定的时间差。建议相关法律法规作出明确规定在此期间内产生的收益该如何分配,以避免发生相关纠纷。

第四章 运作机制对股权众筹融资效率的影响分析

股权众筹作为一种新型的融资模式,为打通小微企业融资渠道、降低融资成本提供了新的有效解决方式。小微企业作为中国经济中最具活力的一部分,是我国市场经济发展的一支重要力量,小微企业的健康、有序发展不仅能够推动国家战略新兴产业的蓬勃兴起,还能够提高我国企业的自主创新能力及创新水平。据统计,自改革开放以来,中小微企业为我国技术创新做出了重要贡献,从专利和新产品开发的速度和总量来看,中小企业在发展过程中表现出了强劲的活力,约65%的发明专利和80%以上新产品开发是由中小企业完成的。

然而,融资难、融资贵已经成为当前我国众多小微企业发展过程中的最大障碍,严重制约着其发展。由此,小微企业的融资困境也一直受到政府相关部门、实业界、学术界的普遍关注。总体而言,小微企业融资难主要是由其自身特点决定的。研究表明,小微企业初创阶段的融资难问题表现得最为突出。[1]初创期企业往往规模较小、产品研发风险大、市场前

---

[1] 潘永明、王晓丽:"基于生命周期的科技型小微企业融资问题研究",载《企业经济》2014年第8期。

景不明朗、抵押担保能力不足等原因使得小微企业在初创期进行银行贷款较为困难，一旦企业自有资金不足或者是不能够及时解决资金需求问题，就会使企业面临现金流困境，甚至陷入破产倒闭，或者被收购的困境。因此，依托互联网众筹平台与民间资本的众筹融资模式是实现我国金融服务创新的有效途径之一，为解决中小微企业融资难问题带来新的机遇。此外，股权众筹融资过程中，众筹平台设置的一系列运作机制能够有效地减少筹资方（小微企业）与投资方之间的信息不对称，提升征信和风控手段，提高融资效率，从而实现金融资源的有效配置。

从当前我国股权众筹的运作情况来看，虽然其兴起代表着互联网金融的发展方向和必然趋势，对拓宽我国中小微企业直接融资渠道、支持实体经济发展、完善多层次资本市场体系建设具有重要意义，被社会各界寄予厚望。然而，目前我国股权众筹运作尚处探索阶段，许多问题亟须探讨解决，如网络平台在为投资者了解初创企业信息提供便利的同时也增加了虚假信息发布的可能性；股权众筹运作过程中采用的"领投+跟投"机制有利于普通投资者快速有效地识别真正具有创新能力和快速成长空间的小微企业，节省普通投资者的信息收集成本，但也容易滋生领投人和项目发起人合谋现象；由于大多数投资者持有的股份并不多，很难参与和控制企业的后期经营运作，企业控制权实际还是掌握在创始人手中。因此必须建立快速、有效的监督机制对企业进行后期跟踪和监控，从而控制投资风险、保障投资收益等。对以上问题的探讨对于充分发挥股权众筹的作用，解决小微企业融资难题具有重要的理论和现实意义。

本章将从阈值机制、"领投+跟投"机制、资金管理机制等常用的股权众筹机制入手，对影响股权众筹融资成功的关键因

第四章 运作机制对股权众筹融资效率的影响分析

素展开探讨,分析股权众筹运作机制对融资效率的影响,研究结论将为股权众筹平台运作机制设计和功能优化提供参考和借鉴,为相关部门制定股权众筹监管政策提供科学依据。

第一节 问题的提出

2012年美国颁布的《工商初创业推动法》(简称"JOBS法案")使股权众筹正式合法化,为大量存在资金缺口的创业者和小企业提供了融资机会。此前,按照美国法律的规定,任何以股权融资为目的、采用公众小额集资的行为都会受到法律限制,但是公众小额集资的灵活性、时效性、低成本、低风险是其他股权融资手段所不具备的,并且这种融资方式非常适合创业阶段的小型公司。因此,在这次以对接小型公司与资本市场为目的的改革中,JOBS法案提出了公众小额股权集资的合法化,并对小额公众股权集资提供了有条件的注册豁免。JOBS法案同时还规定小额公众集资的行为必须通过经纪人或集资门户等专业机构来进行,这些中介机构作为投资者和发行人的中介服务组织,只能进行经纪业务而不能进行自营业务,且两者都必须在SEC或适用的自律监管机构注册,而且规定了若干投资者保护措施。因此,从JOBS法案的相关规定可以看出:第一,美国正在适当放松股权众筹的投融资门槛,以促进公众小额集资为初创企业提供股本资金支持;第二,小额集资必须通过具有资质的市场中介规范化运作;第三,强化制定有效的投资者保护措施,预防和降低股权众筹中可能产生的投资风险。由此可见,美国鼓励股权众筹的目的是解决当前小微企业融资困境,激发小微企业创新活力,并强调运作过程中需关注融资效率与风险控制之间的平衡。

此外，JOBS 法案针对众筹融资中筹资者、提供服务的中介机构和投资者也提出了相应要求。对于筹资者，JOBS 法案要求其必须在 SEC 备案并按照相关要求进行信息披露。对于中介机构，JOBS 法案要求其必须在 SEC 注册为经纪人或资金门户，并且在被认可的自律性协会进行登记，以确保中介行为接受协会组织的约束；中介机构还需要对投资者进行风险警示和风险教育，不允许发生隐瞒投资风险以及误导投资行为等现象。对于投资者，JOBS 法案要求其必须符合特定出资人条件，法案规定个人净资产超过 100 万美元或连续 3 年年收入超过 20 万美元的投资者可以申请成为认证投资人，认证投资人的项目投资额度上限为 10 万美元或其年收入的 5%，非认证投资人的投资额度上限为 2000 美元或其年收入的 5%。

美国 JOBS 法案提出的公众小额集资行为为解决我国中小企业的融资困境、引导民间借贷资本流向提供了一个新的思路。2014 年 12 月 18 日，中国证券业协会发布《私募股权众筹融资管理办法（试行）（征求意见稿）》（以下简称《征求意见稿》），首次明确了股权众筹的法律地位，将股权众筹定性为非公开发行，并制定了配套的市场准入规则和合格投资者范围。2015 年 7 月，人民银行等十部门联合发布了《关于促进互联网金融健康发展的指导意见》，对股权众筹融资进行了定义，并规定股权众筹融资必须通过股权众筹融资中介机构平台（互联网网站或其他类似的电子媒介）进行。股权众筹融资中介机构可以在符合法律法规规定的前提下，对其业务模式进行创新和探索，发挥股权众筹融资作为多层次资本市场有机组成部分的作用，更好地服务创新创业企业。此外，该指导意见明确了股权众筹融资业务由证监会负责监管。

随着《征求意见稿》的推出和国内众筹平台的兴起，股权

第四章 运作机制对股权众筹融资效率的影响分析

众筹作为一种新兴的融资模式也得到了较快发展。其对小微企业创新创业的促进作用逐渐开始显现：一方面，股权众筹的出现大大降低了初创企业资金募集的门槛，在一定程度上拓展了小微企业的融资渠道，缓解了其融资困境，有利于小微企业的快速发展壮大，对其创业创新具有较好的激励作用。另一方面，股权众筹融资鼓励更多的投资人参与到其中，降低了投资门槛，分散了投资风险，形成了良好的投资氛围，有助于完善我国资本市场结构，建立多层次的资本市场体系，优化金融生态环境，提高民间资金向产业资本转化的能力，对解决我国小微企业融资难、融资渠道窄以及多层次资本市场体系建设等问题具有重要的战略意义。

随着国内股权众筹平台数量的不断增多，公众对参与股权众筹融资项目的热情和关注度也越来越高。不完全统计数据显示：截至2016年6月20日，中国众筹平台总数已达370家，与2015年底全国正常运营众筹平台数量283家相比，涨幅高达30.74%，是2014年全年正常运营平台数量的2.6倍。2016年上半年，全国众筹行业共成功筹资79.41亿元，已达到2015年全年成功筹资额的近七成，是2014年全年全国众筹行业成功筹资金额的近3.7倍。可见，近些年来，我国股权众筹平台数量和融资规模均在快速增长，表明我国股权众筹正处于飞速发展阶段。

然而，尽管股权众筹作为针对中小微企业的创新融资模式，具有较强发展潜力，但在实际运行过程中也存在一系列问题，主要体现在相关法律法规不完善、监管机制和运作模式不成熟等方面。如股权众筹领域的相关法律仍处于空白，平台在运作过程中容易触及法律红线，涉嫌非法集资、非法证券经营等行为；投资者募集资金第三方托管制度不健全，资金托管存在安全隐患;项目发起人提供信息的真实有效性很难保证;投资者保护机制和退出机制不健全,项目后期跟踪监督难等。这些问题的存在导致我国股权众筹融资成功率一直偏低,成为制约股权众筹发展的重要原因。

本章将以"大家投""原始会""天使客""蚂蚁天使"等股权众筹平台上公布的融资项目为样本,对项目发起人信息发布、融资阈值设定、领投人领投金额、筹集资金发放次批次以及项目关键信息是否进行动态更新等方面的信息进行跟踪和手动收集,分析阈值机制、"领投+跟投"机制、资金管理机制以及项目后跟踪机制对项目融资效率的影响。该研究对我国股权众筹的项目运作模式设计以及监管体系建设具有一定借鉴意义。

第二节 国内外相关文献综述

金融制度能够推动符合社会经济发展所需的技术创新已为众多学者所证实。贝克和莱文(Beck and Levine)[1]、马卡斯莫维奇(Maksimovic)[2]研究证实,金融服务对于社会资源优化配置具有重要的桥梁和中介作用,一个成熟、发达的资本市场会将资源向创新能力强、发展潜力大的科技型企业倾斜。因此,金融及其资源配置效率是影响科技创新、技术进步和长期经济增长的关键因素。所罗门·塔德塞(Solomon Tadesse)[3]

---

[1] T. Beck and R. Levine, "Stock Markets, Banks and Growth: Panel Evidence", *Journal of Banking and Finance*, 2003, Vol.28 (8): 423~442.

[2] V. MaKsimovic, M. Ayyagari and A. Demirguc Kunt, "Firm Innovation in E-merging Markets: the Role of Governance and Finanacial", *World Bank Policy Research Working Paper*, 2007.

[3] Solomon Tadesse, "Financial Architecture and Economic Performance: International Evidence", *Financial Development and Technology*, 2002, Vol.11 (4): 429~454.

第四章 运作机制对股权众筹融资效率的影响分析

研究指出，金融制度的风险分散和激励约束功能与企业技术创新程度密切相关，其风险分散功能越强，人们越倾向于投资具有高风险的尖端技术，这在很大程度上形成了对企业创新的正向激励，然而，不同的金融市场对创新的激励效率并不相同，资本市场越完善，企业融资可选途径越多，激励效率也就越高。阿伦等（Allen et al）[1]指出，与以银行中介导向为主体的传统金融体系相比而言，以市场导向的资本市场具有更高的风险承受能力和风险容忍度，因而，更适合高创新、高风险的投资项目。

由于中小微企业是技术创新的核心力量，近些年来，为中小微企业量身定做的股权众筹模式引起了众多学者的兴趣，在监管机制、风险管控以及运作模式等方面已经取得一系列研究成果。以下，笔者将从这两方面对国内外相关研究文献进行综述。

一、众筹监管机制和风险管控的相关研究

龚映清、蓝海平[2]从美国众筹发展情况、股权众筹发行人、中介机构、资金门户要求等方面对美国 JOBS 法案展开全面分析，并结合我国实际情况对众筹监管提出相关建议和改进措施。研究指出，加快立法、探索股权众筹方向及路径、加大投资者保护以及加快信用体系建设是我国众筹监管的主要方向。胡吉祥[3]对众筹的本土化发展进行分析指出，众筹行业参与者与监管者应合作互动，共同探索众筹发展的本土化道路，从投

---

[1] Ahlerset al., "Equity Crowdfunding", http://ssrn.com/abstract=2362340.
[2] 龚映清、蓝海平："美国 SEC 众筹新规及其监管启示"，载《证券市场导报》2014 年第 9 期。
[3] 胡吉祥："众筹的本土化发展探索"，载《证券市场导报》2014 年第 9 期。

资者保护、众筹行业定位和产业链建设、市场监管和培育等方面进行本土化创新。余涛[1]对我国众筹规制展开分析得出，众筹的合理性和合法性是其为小额筹资者提供高效、便利融资服务的基础和前提，筹资者与众筹中介机构的基本法律关系包括居间合同关系和委托合同关系，投资者与筹资者之间的法律关系因众筹类型的不同而存在明显差异，投资者与众筹中介机构之间的法律关系包括担保合同关系、委托合同关系等。

部分学者对股权众筹的相关法律法规和监管机制展开探讨。孙永祥、何梦[2]等从中美比较的角度对我国股权众筹的发展进行了比较系统的分析。研究指出，我国股权众筹存在合法性缺乏、股东人数受限、小股东保护不力，以及公司治理机制不够健全等障碍。这些问题在很大程度上阻碍了我国股权众筹的良性发展。杨东、刘翔[3]对互联网金融视域下我国股权众筹监管规制展开研究得出，我国股权众筹模式存在较大的法律风险隐患，主要体现在触及公开发行证券或"非法集资"红线、经常出现投资合同欺诈风险、股权众筹平台权利义务模糊、投资者保护机制缺失等方面。周灿[4]对我国股权众筹平台的运营模式及法律、道德风险进行系统梳理指出，借鉴美国在股权众筹方面的立法经验、加快众筹法律法规体系建设、准确界定股权众筹合格投资者、建立健全社会征信体系、加强信息风险研究和

---

[1] 余涛："众筹规制探究——一个规范分析的路径"，载《证券市场导报》2015 年第 3 期。

[2] 孙永祥等："我国股权众筹发展的思考与建议——中美比较的角度"，载《浙江社会科学》2014 年第 8 期。

[3] 杨东、刘翔："互联网金融视域下我国股权众筹监管规制研究"，载《上海金融》2014 年第 11 期。

[4] 周灿："我国股权众筹运行风险的法律规制"，载《财经科学》2015 年第 3 期。

第四章　运作机制对股权众筹融资效率的影响分析

监管立法是我国股权众筹迫切需要解决的问题。

二、众筹运作机制相关研究

在众筹运作机制研究方面，阿杰伊·K. 阿格拉沃尔等（Ajay K Agrawal et al.）[1]提出，融资过程中的进入门槛、交易成本、声誉机制和市场设计是众筹产生的内在动因。苗文龙、刘海二[2]从金融市场分层视角提出了众筹融资机制革新的理论框架，指出众筹融资克服了信息不对称风险，能对参与各方起到良好的激励作用。对于生产者而言，众筹融资可以帮助他们获得项目资金、降低筹资成本，但也需要他们保持良好的声誉，及时、准确地披露项目相关信息，真正做出满足市场需求的创新产品和服务；对于投资者而言，众筹融资可以突破投资范围的限制，使其可以通过自己对项目的判断成为创新型企业的早期股东，但同时也需要他们承担项目失败带来的风险；对于众筹平台而言，其不仅可以由此获取项目成交的中介费用，而且还可以根据平台客户的需求情况，获得证实融资过程、监督项目执行、提供融资建议等中介业务机会，提高平台盈利能力和收益水平。由于众筹参与各方都希望能最大限度地提高项目成交比例，因而可以实现激励相容，但众筹融资也需要通过对声誉、规则、人群的尽职调查和阈值设置等机制来规范市场行为，降低投融资风险。苗文龙、严复雷[3]认为，当经济发展到一定

---

[1] Ajay K Agrawal, Christian Catalini and Avi Goldfarb, "Some Simple Economics of Crowdfunding", National Bureau of Economic Research Working Paper, available at http://www.nber.org/papers/w19133, 2013.

[2] 苗文龙、刘海二："互联网众筹融资及其激励约束与风险管理"，载《金融监管研究》2014年第7期。

[3] 苗文龙、严复雷："众筹融资、项目选择与技术进步"，载《金融经济学研究》2014年第7期。

程度时,多人决策的众筹模式在推动技术有效创新和转化方面更具优势。

雷华顺[1]针对众筹融资过程中的信息失灵及其解决途径展开的研究得出,众筹融资过程中存在着诸多信息失灵现象,容易造成交易双方在判断能力、谈判能力等方面的信息不对称,从而产生因逆向选择和道德风险引发的"劣币驱逐良币"效应,导致众筹市场失灵。这种失灵现象市场自身无法解决,需要相关制度强制介入,对双方权利、义务和责任进行重新分配,或者通过冷静期、担保等制度设计达到上述目的。

Min Ding[2]、D.O.洛加和 E.奥菲克(D. O. Lauga and E. Ofek)[3]的研究指出,建立畅通的众筹信息反馈渠道可以为创意项目产品设计改良、问题解决方案提供有效信息,减少新产品推出前与需求估计相关的干扰,大幅提高信号质量和产品成功率。黄玲、周勤[4]以"点名时间"众筹平台为例,针对创意众筹的异质性融资激励与自反馈机制设计展开了研究。研究表明:在阈值机制约束下,资金需求规模较小的创意类项目倾向于选择众筹融资模式。融资方通过众筹平台的展示,可以方便、高效地向投资人发送项目质量信号,投资人在自我尽职审查机制下会选择符合自身偏好的优质项目进行投资。有效的质量信号在满足投资人偏好类型条件下能诱发投资激励,并通

---

[1] 雷华顺:"众筹融资之信息失灵与制度克服",载《金融纵横》2015年第5期。

[2] Min Ding, "An Incentive-aligned Mechanism for Conjoint Analysis", *Journal of Marketing Research*, 44 (2007), pp. 14~223.

[3] D. O. Lauga and E. Ofek, "Market Research and Innovation Strategy in A Duopoly", *Market Science*, 28 (2009), pp. 373~396.

[4] 黄玲、周勤:"创意众筹的异质性融资激励与自反馈机制设计研究——以'点名时间'为例",载《中国工业经济》2014年第7期。

过众筹社区反馈渠道迅速传播,从而推动创意项目融资的成功。

I. 博格斯特(I. Bogost)[1]提出,由于初创企业数据较为分散且缺乏信用评级,众筹投资者在很大程度上会对潜在质量信息做出反应。贝尔富勒姆(Belleflame)等人[2]构建了两阶段众筹融资模型分析。该模型得出:在第一阶段,生产者有可能为了筹集足够的资本而采取低价销售政策,随着筹资规模达到市场规则界定的阈值,将相应提高销售价格。莫里克(Mollick)[3]研究发现,众筹机制设计中允许超额融资可以使优质创意项目获得更加充沛的现金流,从而有利于扩大生产或进一步改善产品质量。阿勒斯(Ahlers)[4]通过对加拿大股权众筹项目质量的有效信息进行分析得出:项目的不确定性、财务信息披露的充分性是影响融资绩效的关键。

黄玲、周勤[5]基于期望理论对众筹运作模式展开分析并得出结论:项目发起人可以通过设计项目的展示内容来影响投资者的决策行为,进而争取投资者的有限资金。并且,预设目标金额越低、新颖度越高,便越能提高投资人对项目众筹成功概率的预期,从而增加其投资决策权数。明确显示优质项目质量信号、差异化设置回报种类以及多样化项目宣传渠道能提高项

---

[1] I. Bogost,"The New Aesthetic Needs to Get Weirder", *The Atlantic*, 13 (2013), pp. 1~8.

[2] P. Belleflame, T. Lambert and A. Schwienbacher, "Crowdfunding: Tapping the Right Crowd", SSRN Scholarly Paper No. ID1578175, *Social Science Research Network*, Rochester, NY, 2012.

[3] E. Mollick, "The Dynamics of Crowdfunding: An Exploratory Study", *Journal of Business Venturing*, 29 (2014), pp. 1~16.

[4] G. K. L. Ahlers et al., "Equity Crowdfunding", available at http://ssrn.com/abstract = 236 2340.

[5] 黄玲、周勤:"基于期望理论的众筹设计研究",载《财经科学》2015年第6期。

目投资人的预期价值,进而增加项目众筹成功的概率。黄健青、陈欢、李大夜[1]基于顾客价值视角对众筹融资成功的影响因素展开了研究。研究表明:项目的产品和服务、形象价值对众筹项目成功具有显著影响,产品、人员价值也对其具有一定影响,货币成本对项目众筹成功的影响则不显著。郑海超、黄宇梦、王涛、陈冬宇[2]基于信号理论从不确定性、投资风险、人力资本等维度对创新项目股权众筹融资绩效的影响因素展开了研究。研究表明:项目动态更新次数、项目估值、员工人数、股东人数对众筹项目融资绩效具有显著影响。因此,有效传递项目质量和创业者能力信号有助于项目众筹的成功。

从以上相关研究文献综述可见,现有研究大部分集中在创意项目的奖励性众筹方面。由于股权众筹发展时间还不长,关于股权众筹的研究相对较少,对其进行的研究还缺乏系统性,这尤其体现在股权众筹运作机制研究方面。

第三节 研究的理论假设与设计

一、股权众筹运作模式分析

股权众筹的主要参与者涉及筹资方、投资方、众筹平台三方。为了保障项目众筹和运作成功,股权众筹平台设置了一系列的运作机制和运作流程,具体如下:

第一步,项目发起人通过视频、图像、概念产品等在众筹平台进行项目展示,详细介绍项目特点、产品和服务的功能、

---

[1] 黄健青、陈欢、李大夜:"基于顾客价值视角的众筹项目成功影响因素研究",载《中国软科学》2015年第6期。

[2] 郑海超等:"创新项目股权众筹融资绩效的影响因素研究",载《中国软科学》2015年第1期。

目标群体、预期市场规模及盈利能力等相关信息，以吸引投资者的兴趣和关注。与此同时，项目发起人还需设定融资数额、融资期限、股权出让价格以及可出让的股权比例等内容，并向股权众筹平台申请公布项目融资信息。

第二步，众筹平台对项目发起人提交的项目信息进行合法性和真实性审核，并对项目发起人的信用和资质、项目进展情况等信息进行核实，从而初步判断项目是否存在欺诈风险。在审核通过后，众筹平台会向符合条件的投资者发布项目相关信息。

第三步，投资者在众筹平台上浏览项目发起人提交的相关信息，并筛选出自己感兴趣的项目，初步判断是否参与股权众筹。一旦决定投资，投资者需要在众筹平台规定的打款时间内将出资金额转入独立的第三方资金托管机构。投资者也可以通过众筹平台或是其他途径与筹资方进行直接沟通，针对项目实施提出自己的建议。

第四步，第三方资金托管机构在收到投资者和平台的打款通知后，会将所募集的资金按要求分批次汇入筹资人账户。第三方资金托管机构作为资金托管的中介机构，需要确保资金安全，防止资金被侵占和挪用，在实际支付之前一般还需要再次通知投资者，以确保投资者确实愿意向项目投资。

第五步，项目筹资完成之后，项目发起人在获得资金之后，需要按照约定将企业相应的股权转让给投资人，投资人按合同约定获得企业股权和相应的回报。

股权众筹的具体运作流程如图 4-1 所示：

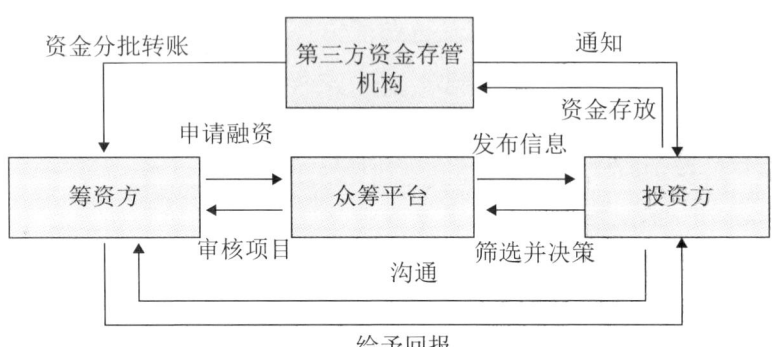

图 4-1 股权众筹模式的运作流程

目前,我国各个股权众筹平台规则设定并不完全一致。例如,"天使汇"将融资项目期限设定为 30 天,并且允许募集金额超过融资阈值;而"大家投"则没有设定筹资期限,但不允许超额募集。"天使汇"要求投资人有天使投资经验,并且对投资人经验审核得较为严格,要求投资人提交相关证明,当投资人数超过 10 人时需要以有限合伙企业形式进行投资,否则为协议代持;"大家投"则对投资人没有限制要求,并且要求全部以有限合伙形式进行。在领投人规则方面,"天使汇"要求至少有一个拥有项目投资成功经验的投资人方可取得领投资格;"大家投"对领投人的资格要求较低,只要有一定的相关工作经验即可。"天使汇"对投资款的拨付采用一次性到账方式,没有银行托管;"大家投"则可以分期拨付,由兴业银行进行资金托管。此外,"大家投"对项目信息的更新披露有着更为严格的要求。

二、理论分析和研究假设

由于我国股权众筹的发展时间还不是很长,运作模式和运作机制设计还不是很成熟,存在信息不对称、资金安全隐患和投资者保护机制不健全等一系列问题,需要股权众筹平台在项

第四章　运作机制对股权众筹融资效率的影响分析

目运作过程中针对投融资方建立和完善相应的运作机制和制度设计。如针对目前我国股权众筹现状,要求筹资方在发布融资项目信息时,切实、合理估计项目所需资金以及出让的股权比例,设定合理的阈值机制;建立"领投+跟投"机制,众筹平台对领投人的相关经验和专业水平进行审核,并要求其完成投资项目的尽职调查、项目信息跟踪分析,并将掌握的相关资料和信息向其他跟投者公开,以供跟投人在评估项目价值及投资风险时参考;对股权众筹募集的资金设定资金管理机制,需委托独立的第三方资金管理机构对众筹过程中投资者缴纳的资金进行托管,避免挪用资金或携款潜逃事件发生,保证投资者的资金安全;建立和完善信息发布机制,要求项目发起人及时更新、发布项目的最新进展情况,以帮助投资者深入了解项目内容和运作情况,支持其投资行为;建立项目后跟踪机制,可以由众筹平台或领头人定期对投资项目进行实地考察并及时公布相关信息,以防筹资方在获得投资资金后,敷衍了事、侵害投资的利益等。

本书跟踪收集了"大家投""原始会"等国内大型股权众筹平台股权众筹项目的融资数据,采用 Logistic 回归模型,结合股权众筹融资中的阈值机制、"领投+跟投"机制、资金管理机制以及项目后跟踪机制,深入研究相关机制对股权众筹融资成功的影响,探讨股权众筹的关键制约因素,为我国股权众筹机制和监管制度设计提供科学依据。

1. 阈值机制与众筹融资效率

股权众筹的阈值机制是指项目发起人根据项目实际情况,设定融资所需的最低金额以及融资持续时间(即融资期限)。如果在规定的期限内,筹资额度达到项目设定的最低标准,即表示项目众筹融资成功,平台会将募集到的资金拨付给筹资方进行项目运作。反之，如果在规定的期限内，筹资额度没有达到项目设定的最低标准，即表示项目众筹融资失败，平台会将前期募集到的资金退回给投资者。

阈值机制是股权众筹平台运作中最为普遍的一种机制设计。一方面，这一机制有助于及时剔除劣质项目，那些发展潜力不大或者市场估值较低的项目会因为投资者评价不高、筹集不到足额资金而被放弃。这在一定程度上避免了项目后期因资金不足而运作失败，甚至发生欺诈等事件，保护了投资者的利益。此外，部分平台融资额度不设上限，有利于那些价值高、发展前景好的优质项目筹集到更多的资金来扩大生产或进一步提高产品和服务质量。另一方面，相关研究表明，融资阈值设定较高的项目融资失败的可能性较高，融资阈值设定较低的项目融资失败的可能性则较小。由此，筹资人会因为期望融资成功，在设定阈值时不会贪大贪多，这在一定程度上限制了筹资者的过度融资行为，以及众筹过程中的盲目跟风和过度炒作。综上分析，笔者提出如下假设：

假设1：在其他条件相同的情况下，融资阈值设置与众筹项目融资成功的可能性呈负相关。

2."领投+跟投"机制与众筹融资效率

"领投+跟投"机制是指为了使众多普通投资者能够更加有效地挑选到优质项目，了解项目的详细内容，进而达成投资协议，股权众筹平台会要求项目筹资时必须有一个经验丰富的专业投资人（即领投人）进行领投。通常情况下，领投人的投资金额占比较大，需要负责对投资项目进行尽职调查，并将尽职调查的相关信息向众多普通投资者公布，以辅助其他跟投者进行投资决策。

"领投+跟投"机制的设定对于提高项目众筹融资效率具有

重要作用。一方面,虽然项目发起人为了能够获得融资会尽可能地使用图片、视频等工具表达项目的创意及相关信息,但由于项目发起人与投资者之间存在较为严重的信息不对称,投资者在选择项目的时候难免会犹豫不决,甚至放弃投资。因此,信息不对称性成了众筹过程中的主要障碍之一。另一方面,发起众筹融资的大多为初创企业,缺乏信用评级,项目发起人自身提供的项目质量信息对投资者来说并不是那么有说服力,而经验丰富的领投人与投资人之间处于同一立场,其专业调查与分析对于跟投人而言,更具说服力。

另外,对于大多数缺乏投资经验的普通投资者而言,他们不具备相应的投资经验和专业技术,很难收集到相关资料对发起项目进行详细的尽职调查和合理定价。由同样是投资方的专业领投人进行领投可以增强跟投者的信任感,引导跟投者更加客观、合理地评估项目,有利于投资者做出正确的投资决策。再者,领投人需要先向平台申请,相关资质核实后经项目发起人同意才可以成为领投人。在领投过程中,领投人需要对项目进行详细的尽职调查,分析和判断项目价值,协调筹资方与跟投人之间的关系,并在项目众筹成功后对项目进行跟踪和投后管理。由此可见,领投人作为专业投资者就能够起到很好的引领作用,增强投资者对项目的了解程度和信任感,从而有利于项目众筹成功。综上分析,笔者提出如下假设:

假设2:在其他条件相同的情况下,领投人领投金额对项目融资成功的可能性有正向影响。

3. 资金管理机制与众筹融资效率

资金管理机制是指:在股权众筹过程中,为了保障投资人的资金安全以及项目筹资成功后的运作效率,股权众筹平台委托独立第三方对项目筹资过程中收到的资金进行托管,并在项目融资成功后,按照投资人的意见将项目款项一次性或分批次转给项目发起人。

资金管理机制是股权众筹运作过程中的关键和基础机制。一方面,由于股权众筹具有一定时间的持续期,不同跟投人资金划拨的时间也不一样,由独立第三方进行资金托管,可以有效保障投资资金的安全,防止众筹平台或项目发起人挪用或侵占投资人资金现象发生;另一方面,为了保证项目众筹成功后的运作效率,防止项目发起人拿到筹资资金后敷衍了事,从而影响项目后期运作效果。有些筹资金额比较大的股权众筹项目,投资人会要求众筹平台分批次划拨项目资金,前期资金到位一段时期后,由领投人或众筹平台对项目运作情况进行实地考察和调研,达到考核标准的项目才进行后续资金发放。对于达不到要求的相关项目可以不发放后续资金,这在一定程度上增强了投资人的信心,对项目发起人成功运作项目起到了监督和促进作用。综上分析,提出如下假设:

假设3:在其他条件相同的情况下,筹集资金发放的批次对项目融资成功的可能性有正向影响。

4. 项目后跟踪机制与众筹融资效率

由于众多参与股权众筹的普通投资者并非专业人士,对项目的了解和把控能力有限,受时间、精力和成本等方面的限制,项目筹资成功后,不能对项目的后期运作进行跟踪和监督。再加上大多数众筹项目为高新科技和创意类项目,其未来发展潜力和风险需要懂行的专业人士进行专业评判。因此,众筹成功后项目发起人与投资者之间的信息非对称性呈进一步加剧态势,这也成了很多投资者在进行投资决策时顾虑的关键因素之一。

部分股权众筹平台设立了项目后跟踪机制,在项目众筹融资成功后,委托众筹平台或领投人对项目后期运作情况进行持续跟踪,并在平台上将跟踪信息向广大普通投资者及时公布,动态更新项目相关信息,加强投资者对项目执行情况的了解。由此可见,项目后跟踪机制的设立能够加强与投资人之间的互动交流,增强彼此的信任感,提升投资者对项目的价值认知,从而促使更多的投资者参与到股权众筹中来,提高股权众筹成功的概率。综上分析,本书提出如下假设:

假设4:在其他条件相同的情况下,设定项目动态信息更新机制对项目融资成功的可能性有正向影响。

三、研究设计

1. 样本选取及数据来源

本书以"大家投""原始会""天使客""蚂蚁天使"等大型股权众筹平台上公布的股权众筹融资项目为样本。项目相关信息来自于各平台网站,样本数据通过手工采集完成。在样本采集过程中,笔者充分考虑了各股权众筹平台在项目融资机制方面的要求和规则,如阈值机制、"领投+跟投"机制、资金管理机制以及项目后跟踪机制等,采集的时间从2014年10月30日至2015年10月30日。为了适应研究模型的要求,对"已公布但尚未到期""关键信息公布不完整"的样本进行了剔除,最终得到了149个股权众筹项目样本,其中,融资成功的股权众筹项目有100个,融资失败的股权众筹项目有49个。研究过程中采用SPSS19.0统计软件进行多元统计分析。

2. 变量定义

从理论分析得出,股权众筹机制设置的完善程度能够对投资者起到一定的保护作用,从而增强投资者的信心,增加股权众筹融资成功的可能性。以下将构建Logistic回归分析模型,对理论假设进行论证,分析股权众筹机制设置对融资成功可能性

的影响。模型各变量的定义及具体设置如表 4-1 所示:

表 4-1 变量定义及说明

变量类型	变量名称	变量符号	变量取值方法说明	预期符号
自变量	融资阈值	Threshold	以项目公布信息中的融资阈值为准	-
	领投金额	Lia	以项目公布信息中领投人的领投金额为准	+
	资金到账批次	Fre	以项目公布信息中资金发放次数为准,部分数据来自平台规则	+
	信息动态更新	Upd	哑变量,有动态更新信息取值为1,否则为0	+
控制变量	产品状态	State	尚未启动取值0,产品开发中取值1,产品已上市或上线取值2,已经有收入取值3,已经盈利取值4	+
	所属行业	Ind	高技术行业取值1,创意类行业取值2,服务行业取值3	-

研究主要关注点在股权众筹的项目融资阈值机制、"领投+跟投"机制、资金管理机制以及信息动态更新机制对项目融资成功的影响。其中,融资阈值机制主要考察阈值设置以及设置的金额,变量定义为"融资阈值"(Threshold),选取项目筹资过程中众筹平台公布的融资阈值金额;"领投+跟投"机制主要考察是否有领投人以及领投金额,领投金额越大,领投人尽职

调查和信息公开的动力也就越大,因此,变量定义为"领投金额(Lia)",选取项目公布的领投人的领投金额,如果没有领投人,该样本参数为0。资金管理机制主要考察筹资过程中资金的安全性和激励机制,变量定义为"资金到账批次"(Fre),以项目公布的资金发放次数为依据,部分项目数据来自于平台设定的规则;信息动态更新机制主要考察项目运作过程中项目发起人的信息跟进情况,由于初创企业市场环境和技术发展变化快,及时更新项目相关信息能够减少信息不对称性,增强投资者的信任感,从而对项目筹资成功起到促进作用。其变量定义为"信息动态更新"(Upd),采用有无动态更新进行标识,项目有动态更新取值为1,反之,无动态更新取值为0。

为了保证模型的稳定性,结合股权众筹项目特点,本书设置了"产品状态"和"所属行业"两个关键控制变量。其中,产品状态反映的是目前产品的研发状况,由于大部分股权众筹项目为高新技术行业,产品的技术风险比较高,对该变量的分析有利于了解投资者在股权众筹项目技术上的考虑。因此,变量定义为"产品状态"(State),分成"尚未启动、产品开发中、产品已上市或上线、已经有收入、已经盈利"五种状态,分别取值为"0、1、2、3、4"。所属行业反映的是众筹项目的行业分布情况,变量定义为"所属行业"(Ind),分为高技术行业、创意类行业、服务行业,取值分别为"1、2、3"。样本处理过程中,对众筹项目按照这三种类型进行了分类。

3. 模型的构建

根据理论分析、研究假设和变量定义,采用 Logistic 多元回归统计模型,以众筹项目融资成功率(Y)为因变量,代表众筹融资效率,以各相关因素为自变量构建分析模型如式 4-1 所示:

$$Y = \alpha + \beta_1 Threshold + \beta_2 Lia + \beta_3 Fre + \beta_4 Upd + \beta_5 State + \beta_6 Ind + \varepsilon \quad (\text{式}4-1)$$

其中，α 为常数项，β_1、β_2、β_3、β_4、β_5、β_6 为各变量系数，ε 为误差项。Y 表示股权众筹项目融资成功与否，当项目融资成功时，Y 取值为 1；当项目融资失败时，Y 取值为 0。

第四节 实证结果分析及检验

一、各变量的描述性统计分析

将样本分为融资成功项目和融资失败项目两组，对两组样本的融资阈值、领投金额、资金到账批次、是否动态更新信息、产品状态、项目所属行业等变量进行统计描述。各变量的描述性统计分析结果如表 4-2 所示：

表 4-2 各变量的描述性统计结果

变量名称	融资成功项目				融资失败项目			
	极小值	极大值	均值	标准差	极小值	极大值	均值	标准差
融资阈值	15	1000	172.03	198.712	25	1500	338.39	321.017
领投金额	0	500	32.03	67.146	0	150	4.69	21.818
资金到账批次	1	3	1.84	0.813	1	2	1.02	0.143
是否动态更新信息	0	1	0.80	0.402	0	1	0.31	0.466
产品状态	0	4	2.35	0.936	0	4	1.86	1.384
项目所属行业	1	3	1.50	0.823	1	3	2.33	0.944

从各变量的描述性统计分析结果来看，在众筹融资成功项

目样本组中，融资阈值设置的最小值为15万元，最大值为1000万元，平均值为172.03万元，标准差为198.712万元；众筹融资失败项目样本组中，融资阈值设置的最小值为25万元，最大值为1500万元，平均值为338.39万元，标准差为321.017万元。由此可见，众筹成功项目与众筹失败项目的阈值设置相差非常大，众筹成功项目阈值设置总体偏低，其原因在于两组样本差异性比较大，部分体现在行业差别上，同时也不排除阈值设置较低项目更容易众筹成功这一因素。

统计结果显示，选取样本中不同行业融资项目的阈值设置均值存在很大差异。其中，股权众筹的高技术项目多为互联网技术公司，该类项目主要利用网络技术来实现产品和服务，不需要设备、厂房等固定资产支出，因此阈值设置比较低，其均值为173.954万元；创意类项目在运作过程中一般需要加工生产出创意产品，因此在厂房、设备、营运资金等方面的开支较大，从而导致其阈值设置比较高，均值为382.89万元；服务类项目阈值设置均值为286.87万元，该类项目在场地、人力资本等方面需要较大投入，这在一定程度上导致其阈值设置偏高。另外，众筹成功的项目与众筹失败的项目在阈值设置上也有较大差别。其中，众筹成功项目设置的平均阈值为172.03万元，众筹失败项目设置的平均阈值为338.39万元，为众筹融资成功项目的近2倍，

从领投人的领投金额来看，在众筹融资成功的项目中，领投人的领投金额最大为500万，平均值为32.03万元，标准差为67.146万元；在众筹融资失败的项目中，领投人的领投金额最大为150万，平均值为4.69万元，标准差为21.818万元。由此可见，领投人领投金额的大小对众筹融资成功具有较大影响，领投金额越大，项目众筹成功的可能性也就越大。在股权众筹

项目融资过程中，普通投资者对于项目的详细情况并不是很了解，很难准确把握项目的收益及风险状况，也很难在众多发起项目中做出选择。领投人一般是行业或投资领域的专业人士，比普通投资者更有经验，对项目的具体情况、价值评估、投资分析和风险状况有较好的把握，能够做出更为准确的投资决策。因此，其投资决策对普通投资者的项目选择具有指导和引领作用。

另外，由于领投人的投资金额比较大，导致其更有动力对发起项目进行详尽的尽职调查和合理的价值评估，获取更为全面、准确的项目信息。再者，为了项目筹资成功和提升项目价值，领投者还希望带领更多跟投者参与项目筹资，因此有动力将其获得的信息与众多跟投者分享，从而降低投资者与筹资者之间的信息不对称程度，进一步提高项目筹资成功的可能性。

从资金到账批次来看，在众筹融资成功的项目中，平均到账批次为1.84次，标准差为0.813；在众筹融资失败的项目中，平均到账批次为1.02次，标准差为0.143。一般情况下，设置资金分批次到账的项目，若想获得下一批次资金，必须接受筹资平台或者投资者的考核，考核达到相关标准，才能发放下一批次资金，否则将取消其后期资金。因此，批次到账的资金管理制度在一定程度上构成对项目后期运作的监管，这有利于增强投资者的信任感，促使其愿意将资金投资到发起项目中。

从信息动态更新来看，融资成功的项目信息动态更新次数的均值为0.8次，标准差为0.402；融资失败项目信息动态更新次数的均值为0.31，标准差为0.466。由此可见，项目信息动态更新的频次越高，股权众筹发起人和投资者之间的信息透明度越高，项目众筹融资成功的可能性也就越大。

研究过程中，对筹资项目和产品的成熟状态按照"尚未启动（赋值 0）、产品开发中（赋值 1）、产品已上市或上线（赋值 2）、已经有收入（赋值 3）、已经盈利（赋值 4）"进行了标识，产品赋值越高表明其成熟度越高。从描述性统计分析结果来看，众筹融资成功的项目，产品成熟状态均值为 2.35，标准差为 2.34；众筹融资失败的项目，产品成熟状态均值为 1.86，标准差为 1.384，由此可见，成熟度越高的产品和项目，其众筹融资成功的可能性越大。

二、相关性分析

为了保障模型的可靠性和稳健性，对模型的各变量进行相关性检验，检验结果如表 4-3 所示：

表 4-3　各变量的相关系数检验

		融资阈值	领投金额	资金到账批次	是否动态更新信息	产品状态	项目所属行业
融资阈值	Pearson 相关性	1	0.369**	0.009	−0.161*	0.027	0.216**
	显著性（双侧）		0.000	0.212	0.049	0.348	0.008
领投金额	Pearson 相关性	0.369**	1	0.339**	0.090	−0.100	−0.067
	显著性（双侧）	0.000		0.000	0.276	0.225	0.320
资金到账批次	Pearson 相关性	0.009	0.339**	1	0.286**	0.109	−0.163*
	显著性（双侧）	0.212	0.000		0.000	0.185	0.047

续表

		融资阈值	领投金额	资金到账批次	是否动态更新信息	产品状态	项目所属行业
是否更新信息	Pearson相关性	-0.161*	0.090	0.286**	1	0.164*	-0.257*
	显著性（双侧）	0.049	0.276	0.000		0.046	0.002
产品状态	Pearson相关性	0.027	-0.100	0.109	0.164*	1	0.072
	显著性（双侧）	0.348	0.225	0.185	0.046		0.380
项目所属行业	Pearson相关性	0.216**	-0.067	-0.163*	-0.257**	0.072	1
	显著性（双侧）	0.008	0.320	0.047	0.002	0.380	

注：**表示在 0.01 水平（双侧）上显著相关；*表示在 0.05 水平（双侧）上显著相关。

根据相关研究经验，如果各变量之间的相关系数小于 0.65，则表明各变量之间不存在严重的相关性，从而可避免模型的多重共线性问题，模型构建过程中也就能够将相关变量纳入其中进行分析。

从表 4-3 可以看出，各自变量之间相关系数最大的是资金阈值（Threshold）与领投人领投金额（Lia），相关系数为 0.369，在 0.01 的显著性水平上相关；资金到账批次与领投人领投金额的相关系数为 0.339，在 0.01 的显著性水平上相关；是否动态跟新信息与融资阈值的相关系数为-0.161，在 0.05 的显著性水平上相关；是否动态更新信息与资金到账批次的相关系数为 0.286，在 0.01 的显著性水平上相关；产品状态与是否动态更新信息的相关系数为0.164,在0.05的显著性水平上相关;项目所属行业与融资阈值的相关系数为0.216,在0.01的显著性水平上相关;项目所属行业与资金到账批次的相关系数为-0.163,在0.05的显著性水平上相关;项目所属行业与是否更新信息的相关系数为-0.257,在0.01的显著性水平上相关;其余系数之间不存在相关性。由此可见,各变量之间的相关性在许可范围之内,能够纳入到回归模型中。

三、多元回归分析

以股权众筹项目融资是否成功为因变量,以各众筹机制和相关控制变量为自变量,构建Logistic多元回归统计模型进行分析,回归结果如表4-4所示:

表4-4 多元回归统计结果

变量		模型1	模型2	模型3
融资阈值	Threshold	-0.018** (0.001)	-0.021** (0.000)	-0.013** (0.000)
领投人领投金额	Lia	0.115** (0.002)	0.144** (0.000)	0.107** (0.000)
资金到账批次	Fre	3.986** (0.002)	3.730** (0.001)	
是否动态更新信息	Upd	1.736* (0.035)		1.447* (0.023)
产品状态	State	0.604 (0.083)	0.756 0.082	0.866** 0.006

续表

变量		模型1	模型2	模型3
项目所属行业	Ind	-0.834 (0.084)	-1.003 (0.077)	-0.959 (0.073)
调整的R方		0.53	0.58	0.52

注：**表示在0.01水平（双侧）上显著相关；*表示在0.05水平（双侧）上显著相关。

在股权众筹的实际运作过程中，大部分众筹平台对资金到账批次与信息动态更新都会有一定的规则和限制。如部分众筹平台要求项目发起人在项目信息更新之后，才发放下一批次的资金。考虑到现实情况，模型构建中同时纳入了这两方面的相关变量。采用逐次回归法对模型展开分析，其中，模型1为所有变量整体回归的结果，模型2为不考虑资金到账批次变量的回归结果，模型3为不考虑是否进行动态信息更新的回归结果，三个模型的拟合度相对较高，尤其是模型2的R方为0.58。

从表4-4的分析结果来看，融资阈值与项目众筹融资成功的可能性之间呈显著负相关，三个模型均在0.01的显著性水平上相关，研究结论支持假设1，表明项目阈值设置越高，给投资者带来的资金和风险压力越大，股权众筹成功的可能性越小，这也反映了股权众筹平台更适合融资规模不大的初创项目。

领投人的领投金额与项目融资成功的可能性也呈明显的正相关，三个模型均在0.01的显著性水平上相关，研究结论支持假设2，表明领投人作为专业人士在股权众筹过程中起到了明显的指导和引领作用。领投金额是专业领投人向众多跟头人传达的有效信号，领投金额越多表明领投人对项目的认可度越高，项目存在较大升值空间，跟投人捕捉到相关信号后会做出决策反应。

资金的批次到账与项目融资成功的可能性之间呈明显的正相关，两个模型均在 0.01 的显著性水平上相关，研究结论支持假设 3，表明资金分批到账在一定程度上分散了投资者的风险，对项目后期运作起到监督作用。这一机制的设置会增加投资者的信任感和认可度，从而促进项目众筹融资成功。

信息动态更新与项目融资成功的可能性之间呈明显的正相关，两个模型均在 0.05 的显著性水平上相关，研究结论支持假设 4，表明项目信息的动态更新在一定程度上降低了项目发起人与投资者之间的信息不对称程度，增强了投资人对项目发展情况的了解和把握，从而促使投资者做出更加有利的投资决策。

模型 3 中，产品状态与项目融资成功的可能性在 0.01 的显著性水平下呈正相关，表明项目产品研发越成熟，越接近市场盈利状态，其融资成功的可能性也会越大，在实际股权众筹运作过程中，越成熟的产品和项目，其估值也会越高。项目所属行业与众筹融资成功的可能性之间不存在明显的相关性。

第五节 研究结论

本节以"大家投""原始会"等大型股权众筹平台上发布的股权众筹融资项目为样本，采用 Logistic 多元回归统计模型，结合股权众筹平台上的阈值机制、"领投+跟投"机制、资金管理机制、信息动态更新机制以及后跟踪机制等，深入研究众筹融资成功的影响因素。研究得到以下基本结论：

第一，众筹成功的项目与众筹失败的项目在阈值设置上有较大差别，两者呈显著正相关关系，表明一般情况下，融资阈值设置越高，项目融资成功的可能性越小。

第二，领投人领投金额的大小对众筹融资成功具有较大影响，领投金额越大，项目众筹成功的可能性也就越大。其原因在于领投人一般是行业或投资领域的专业人士，比普通投资者更具投资经验，对项目的具体情况、价值评估、投资分析和风险状况有较好的把握。其投资的金额也比较大，为了自身利益，有动力对投资项目进行尽职调查并将相关资料与众多跟投资分享。

第三，资金的批次到账与项目众筹融资成功的可能性之间呈显著正相关，进一步说明资金分批到账机制设置对项目后期运作起到较好的监督作用，增加了投资者的信任感和认可度，从而促进项目众筹融资成功。

第四，信息动态更新与项目融资成功的可能性之间呈显著正相关，表明项目信息的动态更新在一定程度上降低了项目发起人与投资者之间的信息不对称程度，增强了投资人对项目详细情况的了解和把握，从而促使投资者做出更加有利的投资决策。

第五，产品状态与项目融资成功的可能性之间呈显著正相关，表明项目产品研发越成熟，越接近市场盈利状态，其众筹融资成功的可能性也会越大。

针对上述研究结果，对完善我国股权众筹提出相关建议及改进措施如下：

第一，由于股权众筹项目大多数为初创企业，规模较小，产品和服务处于研发阶段，一般情况下，所需资金规模不会非常大。如果任由项目发起人设定较高的融资阈值，一旦项目融资成功获得较高金额，有可能降低项目发起人的创业激情，甚至挪用、侵占投资人的资金，对项目敷衍了事，侵害投资者的权益。因此，建议制定股权众筹相关法律法规时，为了保护投资者的利益，应该对项目发起人的融资额度进行一定的规范和限制，不能简单地将风险抛给投资者，从而为投资者创造良好的投资环境，促使股权众筹行业健康稳健发展。

第二，完善信息披露制度与征信制度。从当前我国股权众筹运作的现实情况来看，各个环节普遍存在信息披露不及时、披露的内容不充分等现象。信息披露对于项目融资的重要性不言而喻，渗透到股权众筹的各个环节。如在项目发起阶段，项目发起人需要披露项目产品和技术情况、市场前景、融资金额以及出让股份等相关信息，但出于自身保护目的，项目发起人对有些关键信息并不愿意充分披露；众筹平台在项目审核之后需要将相关信息在网站平台上公开发布，并进行相应的风险提示，而有些平台为了提高项目筹资的成功率，有可能夸大项目前景和收益、隐瞒项目风险，从而影响甚至误导投资者对项目收益和风险的判断；项目筹资成功后，需要定期向投资者披露财务状况、筹集资金使用情况以及项目进展情况等相关信息，然而有些项目发起人为了获得后续资金，有可能夸大项目运作效果和业绩等。因此，建议健全和完善股权众筹信息披露制度，完善小微企业和个人征信体系，建立集信贷征信、工商登记、税收社保缴纳、交通违章等各类信用记录于一体的统一大数据平台。将股权众筹融资信息纳入企业诚信体系，供投资者在投资决策时参考，有助于提高投资效率，同时有助于促使项目发起人诚实守信，为投资人创造价值。

第三，建立第三方资金托管制度。股权众筹平台充分利用互联网技术和民间资本，在项目发起人与投资者之间进行资源优化配置。互联网技术的应用大幅提高项目发起人资本筹集能力和投资人的投资效率，但同时也给投资人资金的管理带来安全方面的问题，一旦众筹平台能够控制和利用投资人暂存资金，资金就存在被挪用，甚至侵占的可能性，从而给投资者带来风险隐患。建议股权众筹筹集的资金应当强制要求托管给可信任的独立第三方机构，从而降低资金挪用和侵占风险。与此同时，项目发起人的筹资过程应该公开透明，使投资者能做到投资前防范风险，投资后有效监督控制风险，保障投资者的利益和投资热情，给股权众筹创造良好的投资环境。

本章研究的不足在于获得的样本数据相对较少，影响因素中没有涵盖项目发起人特征、筹资持续时间等关键因素，这与我国股权众筹起步较晚、发展历程还不长、相关信息不全有关。随着我国股权众筹运作机制的逐渐成熟和股权众筹规模的扩大，相关研究将进一步推进和深入。

第五章 运作机制对小微企业创新能力的影响分析

第一节 问题的提出

近年来,小微企业对国民经济和技术创新的贡献已为社会各界所共识。据国家工商总局2014年发布的《全国小型微型企业发展报告》数据显示,我国中小企业创造的最终产品与服务价值相当于国内生产总值的60%,纳税占国家税收总额的50%,完成了约65%的发明专利和80%以上的新产品开发。然而,我国小微企业的发展状况却不容乐观。"融资难、融资贵、融资途径窄"等问题成了制约其快速发展的瓶颈。以北京市海淀区为例,截至2016年,该区已入驻小微企业万余户,获得银行信贷支持的不足7%,大部分小微企业只能依靠创业者的自有资金艰难维持。因此,如何有效打通小微企业的融资途径,为其提供创业资金支持,扶助小微企业发展壮大,已经成为我国"大众创业、万众创新"战略布局中的关键环节。

依托网络平台和民间资本的股权众筹模式成了解决这一问题的重要途径。所谓股权众筹是指项目发起人依托互联网平台渠道,向普通投资者出让一定比例的股份和未来收益,从而获得资金支持的一种融资方式。[1]该模式一方面将风险承受能力较强的广大个人投资者和天使投资人吸引到企业初创期进行投资,用民间资本弥补传统信贷资金的不足,为小微企业融资开辟了新的可行途径;另一方面,股权众筹的运行依赖于互联网技术,互联网"开放、平等、协作、共享"的特征有利于降低初创企业投融资双方的信息不对称程度,甚至吸引广大投资者和消费者对还处于研发期的产品及服务予以关注和探讨,从而进一步提高产品、服务与消费者需求之间的契合度,使企业创新与市场需求更加贴近。

为了引导资金向创新能力强、发展前景好、风险可控的小微企业进行有效配置,许多众筹平台设计了一系列的股权众筹运作机制,如信息发布机制、领投人机制、资金管理机制等。这些股权众筹运作机制在规范投融资者行为、保护投资者资金安全的同时,也容易引发一系列问题。如信息发布机制在为投资者加深了解初创企业信息提供便利的同时增加了虚假信息发布的可能性;"领投+跟投"机制在发挥领投人专业经验的同时也容易滋生领投人和融资方的合谋现象;资金管理机制有利于保障筹集资金的安全,保护投资者利益,但同时也加大了项目发起人的运营压力,使其将精力过多关注于短期业绩,而忽略企业的长远发展。因此,这些股权众筹运作机制在实际运行中效果如何,是否切实、有效地引导众筹资金向发展潜力大的创新性项目进行配置是值得深入探讨的话题,这对于我国股权众筹融资的健康可持续发展以及多层次资本市场建设具有重要的理论和现实意义。

本章将以"大家投""天使客""蚂蚁天使"等知名众筹平

---

[1] 郭菊娥、熊洁:"股权众筹支持创业企业融资问题研究",载《华东经济管理》2006年第1期。

第五章　运作机制对小微企业创新能力的影响分析

台发布的股权众筹融资项目为样本,从小微企业创新能力视角探讨股权众筹运作机制的有效性,以期为众筹平台运作机制设计提供系统解决方案,为相关部门制定股权众筹监管政策提供科学依据。

第二节　理论分析与研究假设

一、创新能力与股权众筹融资成功率

资源配置作为资本市场的核心功能引导着资金由低效领域向高效领域流动,由于创新性项目往往意味着较强的增长潜力、较好的发展前景以及较高的投资效率,在融资过程中更容易受到资本的青睐。默克等[1]提出,资本市场能够支持并引导资金投向创新型企业,因而更适合高风险的创新性项目投资。

与其他资本市场相比,股权众筹平台对于企业创新能力具有更高的关注度。一方面,平台上的筹资方主要是风险较大的初创企业,这些企业因为规模较小、缺乏交易记录、抵押担保不足、信用等级偏低等原因,存在比较严重的融资约束,[2]因此,筹资方要想在股权众筹平台上吸引投资者的眼光,必须展现出良好的成长性,而创新能力是中小企业获得未来成长性的核心要素[3];另一方面,股权众筹平台上聚集了大量经过论证、风险承受能力较强的投资者,有些甚至就是天使投资人,

---

[1] Morck R. Masaoc et al., "Banks & Corporate Control in Japan", *Journal of Finance*, 54 (1998), pp. 319~339.

[2] 郭娜:"政府? 市场? 谁更有效——中小企业融资难解决机制有效性研究",载《金融研究》2013年第3期。

[3] M. H. Meyer, M. Anzani and G. WaLsh, "Innovation and Enterprise Growth", *Research Technology Management*, 48 (2005), pp. 34~44.

这些投资人倾向于选择发展潜力大、创新能力强的初创企业，通过资本注入扶持其快速成长，并从中获得超额收益。综上分析，笔者提出假设1：

假设1：在股权众筹平台上，企业的创新能力越强，融资成功的可能性越大，即发起项目的创新能力与融资成功率正相关。

二、信息发布机制与创新能力

信息发布机制是指项目发起人利用文字、图片、视频等资料在众筹平台上展现产品或服务的创意、价值、效用、特色、研发进展、目标以及融资金额等信息，从而增强投资方对项目的了解，最大限度地吸引潜在投资者的关注。由于初创企业的资料通常比较分散，缺乏有说服力的财务数据、信用评价等级以及信息发布渠道，因此，如何利用众筹平台清晰地表达项目创意，主动传达项目质量信息，减少信息不对称程度，增强投资者的信任感就显得尤为重要。[1]并且，对于创新性项目而言，信息沟通越充分，项目获得合理评估的机会越大，融资成功概率就越高。[2]

目前，众筹平台设置的信息发布机制主要有评论社区互动和信息动态更新两类。多数股权众筹平台都在项目发起界面开设了评论社区，参与众筹的投融资方可以在评论社区上对产品的市场定位、设计改良、未来发展规划等项目相关问题及解决方案进行互动交流。由于参与讨论的人群很有可能就是该项目的目标消费群体，利用其反馈信息对产品和服务进行改进，有

---

[1] 黄玲、周勤：“创意众筹的异质性融资激励与自反馈机制设计研究——以'点名时间'为例”，载《中国工业经济》2014年第7期。

[2] E. Molick, "The Dynamics of Crowdfunding: An Exploratory Study", *Journal of Business Venturing*, 29（2014）, pp.1~16.

第五章　运作机制对小微企业创新能力的影响分析

利于减少新产品推出前与需求估计相关的干扰,提高产品创新的有效性和融资成功率。[1]由于小微企业发展变化比较快,具有较大的不确定性,部分股权众筹平台要求筹资方对项目进展情况及时进行动态更新。这样,一方面有效提高了信息发布的质量和时效性,增强了投资者对项目的了解和信任感,从而降低筹资失败的概率;[2]另一方面,筹资人可以通过动态更新的信息向投资人展示其项目运作能力和创新性产品研发进度,从而使项目获得更好的估值,这反过来又进一步激励筹资方积极推动项目进展,将产品和服务创新落到实处。由此,笔者提出假设2和假设3:

假设2:企业的创新能力越强,利用评论社区进行互动交流的次数越多,即发起项目的创新能力与评论社区互动交流的活跃度正相关。

假设3:企业的创新能力越强,在股权众筹平台上的信息更新越频繁,即发起项目的创新能力与信息动态更新的次数正相关。

三、阈值机制与创新能力

阈值机制是指项目发起人根据项目实施所需预先设定目标融资金额及募集持续期限,在规定的期限内,众筹金额达到或超过这一数额才算筹资成功,平台才会将募集到的资金拨付给项目发起人进行项目开发和运营,否则即视为筹资失败,平台会将募集的资金返还给投资人。股权众筹平台通过阈值机制的

---

[1] D. O. Lauga and E. Ofek, "Market Research and Innovation Strategy in A Duopoly", *Marketing Science*, 28 (2009), pp. 373~396.

[2] 张元萍、杨哲、韩晓宇:"众筹融资与科技型企业成长契合性研究——机理分析与实证检验",载《科技进步与对策》2016年第3期。

设置可以将创新能力较低、发展潜力小、不被大多数投资者看好的劣质项目及时剔除,避免项目运作过程中因资金不足导致的运营风险,甚至筹资欺诈事件的发生,这一定程度上对投资者起到了保护作用。[1]与此同时,创新能力较强的项目通常会设置较高的阈值,一方面,向投资者传达其发展潜力和价值信息;另一方面,获得充沛资金,降低项目后期运作风险。由此,笔者提出假设4:

假设4:企业的创新能力越强,越倾向于设置较高的阈值,即发起项目的创新能力与其设置的筹资阈值正相关。

四、"领投+跟投"机制与创新能力

目前,股权众筹平台经常采用"领投+跟投"模式进行筹资运作,即选择一家投资金额较大的专业投资人负责对项目进行尽职调查,形成对项目公司的价值判断,并将尽职调查报告、项目公司估值、投资额、认购股权比例等重要信息反馈给跟投人,从而吸引众多投资者的参与。"领投+跟投"机制的设置在一定程度上推动了众筹平台充当起金融中介的角色。一方面,股权众筹的项目发起人大多为初创小微企业,其信息收集难度大、不确定性程度高,普通投资者很难对它们做出合理的价值判断,进而影响到投资决策。领投人以其专业优势引导普通投资者迅速发现并锁定投资目标,在很大程度上节省了普通投资者参与股权众筹的机会成本,提高了投资效率。[2]另一方面,领投模式下,股权众筹平台实际担任了集中投资的角色,利用

---

[1] H. Wojciech, "How to Perfectly Discriminate in a Crowd? A Theoretical Model of Crowdfunding", *Working Paper*, No. 16, 2013.

[2] 郑海超等:"创新项目股权众筹融资绩效的影响因素研究",载《中国软科学》2015年第1期。

领投人收集项目各个阶段的运作信息,并通过众筹平台将其分享给众多跟投人,从而节约了单个投资者投前信息收集和投后管理监督的成本。[1]理论上而言,领投人的专业判断更容易将创新能力强、发展潜力大的项目挑选出来,并引导众多跟投人的资金投向。由此,笔者提出假设5:

假设5:企业的创新能力越强,从领投人获得的领投金额越大,即发起项目的创新能力与领投金额正相关。

五、资金管理机制与创新能力

在股权众筹模式中,创业团队是企业的实际控制人,投资者尤其是跟投人在公司中所占股份比例并不高,只能决定是否进行投资,几乎没有机会参与企业的经营决策。为了强化项目后期运作的监管效力,预防发生欺诈等道德风险事件,增强投资者的信心,众筹平台会将投资人所投资金托管给第三方存管机构,并按照投资人的要求分批次拨付给项目发起人。投资人在每次资金划拨之前,可根据项目具体情况决定是否继续投资,若投资人决定不继续投资,第三方存管机构需将剩余托管资金返还给投资人。也就是说,即使项目众筹成功,但是发起人如果在项目后期运作过程中出现违规使用资金、发展速度过慢、业绩达不到标准等现象,投资人可以选择拒绝发放后期资金,从而将风险控制在一定范围内。

资金分批到账类似于项目运作的过程监控,在项目运作过程中,对其进行分阶段考核和评价,按照考核和评价结果,由投资人决定是否继续发放下一阶段资金。因此,资金分批到账

---

[1] 赵尧、鲁篱:"股权众筹领投人的功能解析与金融脱媒",载《财经科学》2015年第12期。

我国股权众筹运作机制设计问题研究

可以促使发起人在每个阶段尽心尽力做好项目运营。[1]然而，从项目发起人角度而言，资金分批到账对其造成了较大的资金压力，为了获得下一批次的资金项目发起人需要在当期保持良好的发展态势和经营业绩，而企业创新能力因很难在短期内获得持续提升而容易受到忽视。并且，发起项目的创新能力越强，对筹资方的议价能力也就越强，越容易获得一次性到账条件。由此，笔者提出假设6：

假设6：企业的创新能力越强，其所能接受的众筹资金到账批次越少，即发起项目的创新能力与资金到账批次负相关。

第三节 研究设计

为了验证以上研究假设，本章分别以众筹融资成功率、各类众筹运作机制的特征指标为被解释变量，以企业创新能力和项目特征信息等相关因素为解释变量，构建多元回归模型展开分析。

一、样本的选取与处理

本章以"大家投""原始会""天使客""蚂蚁天使"等知名众筹平台上发布的股权众筹项目为样本，采样时间为2014年11月至2016年11月，采样期间每日跟踪样本项目进展情况，手工收集和整理相关信息。为了使研究结果更为准确，剔除了信息不完整以及无法查询具体结果的项目，最终获得样本294个，其中，融资成功的223个，融资失败的71个。按照样本项目产品和服务的类别，将其所属行业分为"计算机技术""生物环保"

---

[1] E. Molick, "The Dynamics of Crowdfunding: Determinants of Success and Failure", SSRN Scholarly Paper No. ID 2088298, *Social Research Network*, Rochester, NY 2012.

第五章 运作机制对小微企业创新能力的影响分析

"消费及服务""文化创意"四大类。具体如表5-1所示:

表5-1 样本所属行业情况统计

行业类别	众筹成功的项目		众筹失败的项目	
	频数	百分比	频数	百分比
计算机技术(移动互联网、PC互联网、IT软件/硬件)	144	48.98%	16	5.45%
生物环保(生物医药、环保能源)	18	6.12%	7	2.38%
消费及服务	33	11.22%	28	9.52%
文化创意	28	9.53%	20	6.80%
合计	223	75.85%	71	24.15%

笔者于采样过程中发现,发起项目产品的研发状态各有不同,因此,按照产品研发成熟度将其分为"开发中""已经发布""已上市或上线""已有收入""已经赢利"五种状态。具体如表5-2所示:

表5-2 样本项目产品研发状态情况统计

产品状态	众筹成功的项目		众筹失败的项目	
	频数	百分比	频数	百分比
开发中	18	6.12%	24	8.17%
已经发布	8	2.72%	20	6.80%
已上市或上线	43	14.63%	9	3.06%
已有收入	81	27.55%	14	4.76%
已经盈利	73	24.83%	4	1.36%
合计	223	75.85%	71	24.15%

二、变量的选取与定义

1. 创新能力指数

创新能力指数是本文的一个重要变量,如何对股权众筹平台上项目发起人的创新能力进行合理评价是本书研究的关键点之一。由于股权众筹项目发起人多数为小微初创企业,对其创新能力进行评价存在一定限制,如一些关键数据很难获取、企业特征差异性较大等。我国部分学者已经对小微企业创新能力评价体系构建进行过相关研究,如刘继兵等[1]从资源投入能力、研发管理能力、制造能力和产出能力四个方面对生产型小微企业的创新能力进行了评价;周晓琳、李凯旭[2]结合科技型小微企业特征,对其创新能力评价展开研究。本章将在借鉴现有文献研究的基础上,结合股权众筹平台上小微企业的特征以及数据的可获得性,采用德尔菲法从创新投入能力、创新实施能力、创新管理能力以及创新外部环境等四个方面构建创新能力评价体系。评价体系包括4个一级指标和10个二级指标,各指标的权重和取值如表5-3所示:

表5-3 小微企业创新能力评价指标体系

一级指标	二级指标	权重	取值
创新投入能力(0.3)	产品研发程度	0.125	根据产品开发状态赋值
	研发团队人数	0.073	企业研发团队员工数量
	研发团队学历	0.102	研发团队成员学历赋值的平均值

---

[1] 刘继兵、王定超:"基于层次分析法的科技型小微企业创新能力与绩效评价研究",载《科技进步与对策》2013年第18期。

[2] 周晓琳、李凯旭:"科技型小微企业的创新能力评价维度研究",载《中国管理信息化》2016年第6期。

第五章 运作机制对小微企业创新能力的影响分析

续表

一级指标	二级指标	权重	取值
创新实施能力（0.25）	行业技术发展水平	0.115	根据行业类别赋值
	专利及软件著作权	0.135	企业获得专利及软件著作权数量
创新管理能力（0.2）	创新战略	0.059	有创新战略且目标明确为1，有创新战略但目标不明确为0.5，无创新战略为0
	创新激励机制	0.059	有激励机制为1，无激励机制为0
	领导者创业经验	0.082	项目发起人之前创业次数
创新外部环境（0.25）	地区金融发展水平	0.125	项目所处地区金融发展水平
	地方政府支持力度	0.125	项目所处地区政府对创新创业的支持力度

企业创新投入能力多采用研发费用作为衡量指标，但由于在股权众筹平台上发布项目的多数为小微初创企业，很多项目还没有正式投入生产，有些甚至仅有初步想法和研发计划，无法获取研发费用相关数据。因此，采用"产品研发程度、研发团队人数和研发团队平均学历"作为研发投入的替代指标。其中，产品研发程度按照产品开发状态进行赋值：产品处于开发中赋值为1、已经发布赋值为2、已上市或上线赋值为3、已有收入赋值为4、已有盈利赋值为5；研发团队学历为研发团队学历的平均水平，即研发团队成员学历赋值的平均值：中专和高中以下赋值为1、专科赋值为2、本科赋值为3、硕士赋值为4、博士赋值为5。

行业技术发展水平根据企业所处行业进行赋值，按照行业发展对技术的依赖程度设定计算机技术为4、生物环保为3、消费及服务为 2、文化创意为 1。地区金融发展水平、地方政府支持力度分别从《中国区域经济发展报告（2014~2015 年）》[1]、《2015 中国城市创新创业环境评价研究报告》[2]中获得，其中，东部地区金融发展水平和政府支持力度相对较高、中部地区次之、东北和西部地区较弱。

2. 其他变量

为了展开研究，设置与股权众筹运作机制相关的自变量以及相关控制变量，各变量的定义、符号以及取值方法如表 5-4 所示：

表 5-4　各变量的名称、符号、定义以及取值

变量类型	变量名称	符号	定义及取值
因变量	融资情况	Financing	项目众筹融资成功取值为 1，不成功取值为 0
自变量	创新能力指数	Inn	反映众筹项目发起人的创新能力
	交流反馈量	Amo	反映信息互动交流的活跃程度，取值为评论社区的评论条数
	信息动态更新	Upd	反映信息更新的频次，取值为众筹融资结束时信息更新次数

---

[1] 梁昊光：《中国区域经济发展报告（2014~2015 年）》，社会科学文献出版社 2015 年版。

[2] 清华大学启迪创新研究院：《2015 年中国城市创新创业环境评价研究报告》，清华大学出版社 2016 年版。

第五章 运作机制对小微企业创新能力的影响分析

续表

变量类型	变量名称	符号	定义及取值
自变量	融资阈值	Thre	设定的最低融资额,取值为项目发布时公布的阈值
	领投金额	Lia	领投人的投资金额,若无领投人,取值为0
	资金到账批次	Fre	以项目公布的发放批次为准
控制变量	所属行业	Ind	哑变量,计算机技术行业取值1,其他行业取值0
	产品研发成熟度	Sta	反映产品研发成熟程度,开发中为1、已经发布为2、已上市或上线为3、已有收入为4、已有盈利为5

在研究股权众筹运作机制是否能够引导资金配置,即设置的运作机制能否将创新能力强的项目挑选出来时,本章分别以股权众筹各运作机制作为因变量,创新能力指数作为自变量,各变量的具体定义与上表一致。

三、模型的构建

为了验证研究假设1,构建 Logistic 回归模型①分析小微企业创新能力对股权众筹融资成功率的影响。

$$Financing = a_0 + a_1 Inn + a_2 Amo + a_3 Upd + a_4 Thre + a_5 Lia + a_6 Fre + a_7 Ind + a_8 Sta + \varepsilon \quad ①$$

其中,$Financing$ 为因变量,表示股权众筹项目的融资情况,如果融资成功,取值为1,否则为0。a_1、a_2、a_3、a_4、

a_5、a_6、a_7、a_8 分别为各变量的系数，a_0 为常数项，ε 为误差项。

为了验证研究假设 2~6，分别构建模型②~⑥，以分析信息发布机制、阈值机制、"领投+跟投"机制和资金管理机制是否引导资金向创新能力强的项目进行配置。

$$Amo = b_0 + b_1 Inn + b_2 Ind + b_3 Sta + \varepsilon_1 \qquad ②$$

$$Upd = c_0 + c_1 Inn + c_2 Ind + c_3 Sta + \varepsilon_2 \qquad ③$$

$$LnThre = d_0 + d_1 Inn + d_2 Ind + d_3 Sta + \varepsilon_3 \qquad ④$$

$$LnLia = e_0 + e_1 Inn + e_2 Ind + e_3 Sta + \varepsilon_4 \qquad ⑤$$

$$Fre = f_0 + f_1 Inn + f_2 Ind + f_3 Sta + \varepsilon_5 \qquad ⑥$$

其中，$LnThre$ 为融资阈值的自然对数值，$LnLia$ 为领投金额的自然对数值，b_1、b_2、b_3、c_1、c_2、c_3、d_1、d_2、d_3、e_1、e_2、e_3、f_1、f_2、f_3 为各变量系数，b_0、c_0、d_0、e_0、f_0 为常数项，ε_1、ε_2、ε_3、ε_4 为误差项。

第四节 实证结果与分析

一、描述性统计分析

将样本分为众筹成功项目和众筹失败项目两组，并对两类项目的创新能力指数、评论社区交流反馈数量、信息动态更新次数、融资阈值、领投金额、资金到账批次进行比较分析。结果如表 5-5 所示：

第五章　运作机制对小微企业创新能力的影响分析

表 5-5　众筹成功与众筹失败项目各主要变量的比较分析

变量名称	众筹成功项目				众筹失败项目				Z 统计量
	极小值	极大值	均值	标准差	极小值	极大值	均值	标准差	
创新能力指数	2.02	4.34	2.96	0.33	1.28	3.02	2.24	0.37	14.65** (0.000)
交流反馈数量	0	35	13.91	5.15	1	12	5.61	2.57	18.028** (0.000)
信息动态更新次数	0	8	5.32	1.79	0	6	1.41	1.78	10.99** (0.000)
融资阈值	15	2000	320.8	375.9	25	1500	319.3	295.7	0.034 (0.976)
领投金额	0	1600	126.7	246.7	0	150	4.93	22.87	7.276** (0.000)
资金到账批次	1	3	1.13	0.39	1	3	1.87	0.81	−7.429** (0.000)
N	223				71				

注：**表示在 0.01 的显著性水平下均值存在差异，*表示在 0.05 的显著性水平下均值存在差异。

从各主要变量的比较分析结果可知，众筹成功项目与众筹未成功项目在创新能力指数、交流反馈数量、信息动态更新次数、领投金额和资金到账批次方面存在明显差异。在创新能力指数方面，众筹成功项目的极小值为 2.02、极大值为 4.34、均值为2.96，众筹失败项目的极小值为1.28、极大值为3.02、均值为2.24，两组样本均值在0.01的显著性水平下存在明显差异，表明创新能力越强的项目众筹成功的可能性越大。

众筹成功的项目在评论社区中交流反馈的数量和信息动态更新的次数均显著高于众筹失败项目的该指标水平。其中，众筹成功项目交流反馈数量和信息动态更新次数的均值分别为13.91和5.32，而众筹失败项目这两项指标仅为5.61和1.41，表明信息沟通越充分、互动交流越活跃，项目众筹成功的可能性越大。

在领投金额方面，众筹成功项目样本组与众筹失败项目样本组也存在显著差异。众筹成功项目样本组领投金额的最大值为1600万元、均值为126.7万元，众筹失败项目样本组领投金额的最大值为150万元。均值为4.93万元，表明"领投+跟投"机制在一定程度上对普通投资者起到引领作用，领投金额越大，融资成功的可能性越大。

资金到账批次的影响更多取决于股权众筹平台设定的规则，众筹失败项目样本组资金到账批次的均值为1.87，显著高于众筹成功项目样本组的1.13。

将样本按照创新能力由高到低进行排序，并均分成三组，排名为1-98的样本为创新能力较强项目组，排名为99~196的样本为创新能力一般项目组，排名为197~294的样本为创新能力较弱项目组。对各组项目的评论社区交流反馈数量、信息动态更新次数、融资阈值、领投金额、资金到账批次进行比较分析，结果如表5-6所示：

第五章 运作机制对小微企业创新能力的影响分析

表 5-6 不同创新能力项目组各主要变量的比较分析

变量名称	交流反馈数量		信息动态更新次数		融资阈值		领投金额		资金到账批次	
	均值	Z统计量	均值	Z统计量	均值	Z统计量	均值	Z统计量	均值	Z统计量
创新能力较强	14.6	2.95** (0.00)	7.64	13.45** (0.00)	342.0	1.15 (0.32)	231.34	7.51** (0.00)	1.07	-2.98** (0.00)
创新能力一般	12.4	6.56** (0.00)	4.68	19.21** (0.00)	292.9	0.06 (0.56)	44.21	3.87** (0.00)	1.23	-4.25** (0.00)
创新能力较弱	8.67	–	0.8	–	256.4	–	16.33	–	1.62	–

注①**表示在 0.01 的显著性水平下均值存在差异，*表示在 0.05 的显著性水平下均值存在差异。

②创新能力较强项目组对应的 Z 统计量是与创新能力一般项目组比较分析的结果，创新能力一般项目组对应的 Z 统计量是与创新能力较弱项目组比较分析的结果。

从各主要变量比较分析结果可知，不同创新能力项目组在交流反馈量、信息动态更新次数、领投金额和资金到账批次等方面存在明显差异。在交流反馈量和信息动态更新次数方面，创新能力较强项目组的样本均值分别为 14.6 和 7.64，创新能力一般项目组的样本均值分别为 12.4 和 4.68，创新能力较弱项目组的样本均值分别为 8.67 和 0.8。并且各组样本均值在 0.01 的显著性水平下差异显著,表明创新能力越强的项目越倾向于利用众筹平台的信息发布机制与潜在投资者进行互动交流。在融资阈值方面,各组样本均值不存在显著差异。

在领投金额方面,创新能力较强项目组、创新能力一般项目组与创新能力较弱项目组的样本均值差异显著,分别为231.34、44.21和16.33,表明企业的创新能力越强,在众筹平台上获得的领投金额较高。在资金到账批次方面,创新能力较强项目组、创新能力一般项目组和创新能力较弱项目组的样本均值分为1.07、1.23和1.62,各样本均值存在显著差异,表明项目创新能力越强,越容易在众筹平台上得到较好的资金到账条件。

二、多元回归结果及分析

1. 各变量样本相关系数检验

为了避免多重共线性问题对模型估计结果的影响,接下来,对各变量之间的样本相关系数进行分析,结果如表5-7所示:

表5-7 各变量的样本相关系数

	Inn	Amo	Upd	Thre	Lia	Fre	Ind	Sta
Inn	1							
Amo	0.487	1						
Upd	0.589	0.408	1					
Thre	0.486	0.047	0.170	1				
Lia	0.505	0.414	0.420	0.038	1			
Fre	-0.42	-0.29	-0.28	-0.07	-0.34	1		
Ind	0.546	0.513	0.519	0.018	0.572	-0.36	1	
Sta	0.595	0.331	0.426	0.162	0.354	-0.31	0.388	1

各变量之间的相关系数均低于0.6,容差最小为0.5647,VIF最大为2.263,不存在多重共线性问题,可以进行多元回归分析。

2. 模型①回归结果及分析

构建模型①分析小微企业创新能力对众筹融资成功率的影响,具体回归结果如表5-8所示:

表5-8 模型①回归分析结果

	模型①a	模型①b	模型①c
Inn	4.503** (0.007)	4.339** (0.004)	6.914** (0.000)
Amo	0.656** (0.001)	0.591** (0.000)	
Upd	2.652* (0.012)		2.580** (0.001)
Thre	−0.008** (0.001)	−0.007** (0.000)	−0.006** (0.000)
Lia	0.050* (0.023)	0.053** (0.007)	0.06** (0.002)
Fre	−2.349** (0.005)	−2.008** (0.002)	−2.575** * (0.000)
Ind	2.014* (0.019)	1.844 (0.079)	2.111** (0.003)
Sta	0.588 (0.098)	0.588 (0.062)	0.494 (0.109)
a_0	−16.364	−14.221	−16.557
调整后R^2	0.564	0.485	0.532

注:参数下括号内为显著性检验P值,**表示在0.01的显著性水平下均值存在差异,*表示在0.05的显著性水平下均值存在差异。

从模型①回归结果来看，企业创新能力指数与众筹融资成功率在 0.01 的显著性水平下正相关，这表明发起项目的创新能力越强，众筹融资成功的可能性越大，假设 1 成立。评论社区互动交流反馈量、信息动态更新次数对众筹融资成功率具有正向影响。也就是说，股权众筹平台的信息发布机制起到了很好的信息沟通交流中介作用，有效降低了众筹参与各方的信息不对称程度，增强了投资者的信心，促进了投资者参与众筹投资的积极性，从而提高了项目众筹成功的概率。

融资阈值与众筹融资成功率显著负相关，表明众筹平台阈值机制在一定程度上增加了股权众筹的难度，降低了众筹成功的可能性。并且，通过设置阈值可以将一些未来发展前景不被大多数投资者看好的劣质项目排除在外，以避免项目后期运营过程中由于资金不足引发的风险，甚至剔除掉部分带有欺诈性的项目，在一定程度上对投资者起到保护作用。但融资阈值的回归系数比较小，主要是受领投金额的影响所致，通常情况下，阈值设置较高的项目其领投人的领投金额也相对较大。

领投金额对众筹融资成功率具有显著正向影响，表明领投人的领投金额成了向众多普通投资者传达项目质量的有效信号，领投金额越多意味着项目质量越好，越容易引起普通投资者的关注和跟随，项目众筹成功的可能性也就越高。资金到账批次与众筹融资成功率呈负相关，表明资金到账批次越多，众筹成功的可能性越低。由于资金到账批次主要由众筹平台设定，而融资阈值由项目发起人设定，项目发起人在资金到账批次上的可选择性不大，当众筹平台要求资金分多次到账时，项目发起人通常会要求更高的融资阈值，以降低项目后期运营过程中的资金压力，这在一定程度上降低了众筹成功的可能性。所属行业与众筹成功率具有一定的相关性，发展潜力比较大、技术依赖程度比较高的行业众筹成功的可能性较大。产品研发成熟度对众筹成功的影响不显著，表明众筹平台上的投资者更多关注初创企业未来的成长性，并不太在意当前是否研发成熟及产生收益。

3. 模型②~⑥回归结果及分析

模型②~⑥回归结果如表5-9所示：

表 5-9　模型②~⑥回归分析结果

	模型②	模型③	模型④	模型⑤	模型⑥
Inn	3.818** (0.000)	5.560** (0.000)	0.094 (0.083)	0.075** (0.000)	-0.364** (0.000)
Ind	2.825** (0.000)	0.650** (0.002)	0.418** (0.000)	0.185** (0.000)	-0.241** (0.003)
Sta	0.571* (0.036)	0.129 (0.088)	0.141 (0.078)	0.124 (0.058)	-0.241 (0.077)
a_0	-1.461	-10.955	1.342	1.825	2.477
调整后 R^2	0.516	0.540	0.475	0.564	0.447

注：参数下括号内为显著性检验 P 值，**表示在 0.01 的显著性水平下均值存在差异，*表示在 0.05 的显著性水平下均值存在差异。

从模型②~⑥的回归结果来看，企业创新能力与评论社区交流反馈量、信息动态更新次数在 0.01 的显著性水平下正相关，表明企业的创新能力越强，其在股权众筹平台上与投资者的互动交流越活跃，越倾向于利用众筹平台上的信息发布机制向潜在投资者传达项目质量信息，假设 2 和假设 3 成立。企业创新能力与融资阈值之间并没有显著相关性，假设 4 不成立，其原因在于小微企业价值评估具有较大难度和不确定性。目前，众筹平台普遍缺乏针对小微企业的价值评估体系，难以引导发起项目进行合理定价，从而导致项目发起人的心理价位与项目实际价值之间存在错配现象。

企业创新能力与领投金额显著正相关，表明领投人的专业判断具有明显的价值发现功能，可以有效地将创新能力强、发展潜力大的项目挑选出来，并做出相应的投资决策，假设5成立。企业创新能力与资金到账批次显著负相关，表明创新能力越强的项目越不愿意接受多批次到账条件，假设6成立。

第五节 结论及建议

股权众筹平台依托互联网技术和民间资本对小微企业融资进行了创新性探索，平台上各项运作机制设计成为保障股权众筹有效运行、提升资源配置效率的关键。本章以"大家投""天使客""蚂蚁天使"等众筹平台上发布的股权众筹项目为样本，采用Logistic多元回归模型，从小微企业创新能力视角探讨了股权众筹运作机制的有效性。研究发现，企业的创新能力与股权众筹融资成功率正相关，并且，信息互动交流越充分，领投人金额越大，项目众筹成功的可能性也相应越大。企业创新能力与评论社区交流反馈量、信息动态更新次数、领投金额正相关，与资金到账批次负相关，与融资阈值相关性不显著。

根据以上研究结论，提出以下建议及改进措施：

第一，引导股权众筹平台为小微企业信息发布提供有效渠道和互动交流平台，切实降低投融资双方信息不对称程度，提高资源配置效率。一方面，可以建立相应的激励机制（如更优惠的筹资费率、增加服务内容），鼓励发起项目在众筹平台上积极发布及更新项目信息,并通过签署保密协议、聘请专业法律顾问等途径防止项目核心技术外泄,使项目发起人可以放心地在平台上发布相关信息;另一方面,需要建立信息审核机制和黑名单制度,对发起项目在平台上公布的信息进行核查,以确保信息的真实性。一旦发现发起项目存在信息欺诈行为,可以实施警告、甚至终止众筹等惩戒措施,并将其拉入黑名单,增加信息欺诈成本,为股权众筹建立良好的信息环境。

第二,建议股权众筹平台结合发起项目特征,建立合理的小微企业价值评估系统,引导发起项目在众筹过程中进行合理要价。由于小微企业不确定性大、相关资料数据很难获取甚至缺失等,其价值评估存在较大难度,即使是项目发起人,也可能因为缺乏专业评估方法和评估技术导致其并不清楚企业的合理价值。众筹平台作为筹资中介机构,为投融资双方提供价值评估服务,既可以增强平台的黏性,提高平台的服务水平和核心竞争力,又可以避免众筹过程中的过度炒作行为,降低众筹风险。

第三,完善"领投+跟投"机制设计,建立领投人资格审查机制,预防领投人与发起人合谋现象发生;充分利用领投人的专业投资能力引导普通投资人的资金走向;进一步强化领投人在项目运作过程中的监控能力,预防和降低风险事件发生概率。

第六章 京东东家众筹融资运作模式分析

小微企业作为国民经济发展的重要支柱以及社会就业的主要渠道之一,其健康可持续发展一直为社会各界所关注。近些年来,小微企业"融资难、融资贵"问题已成为制约其发展的主要瓶颈,股权众筹的迅速崛起为解决这一问题提供了重要途径和可能。自2014年以来,许多股权众筹平台在该行业深耕细作,探索出一系列行之有效的运作模式。京东东家作为其中的典型代表,将股权众筹与京东电商业务联系起来,构建了比较完善的生态链系统,取得了较好的业绩。本章选取了"京东东家"股权众筹平台为研究对象,对京东东家的发展背景、行业竞争态势、股权众筹运作模式和风险控制方式进行了细致深入分析,并提出相关建议及改进措施。

第一节 京东东家背景介绍

一、京东集团的发展历程

京东从1998年开始起步,经过18年的发展,已经由一个中关村电子产品零售摊位发展成为中国最大的自营式电商和互联网金融企业之一,与腾讯、百度等中国互联网巨头共同跻身全球前十大互联网公司。短短18年的时间,京东能有如此快速的发展，取得如此骄人的成绩，是与其发展定位和创新转型密不可分的。总体而言，京东的发展历程可以分为三个阶段，具体如图6-1所示：

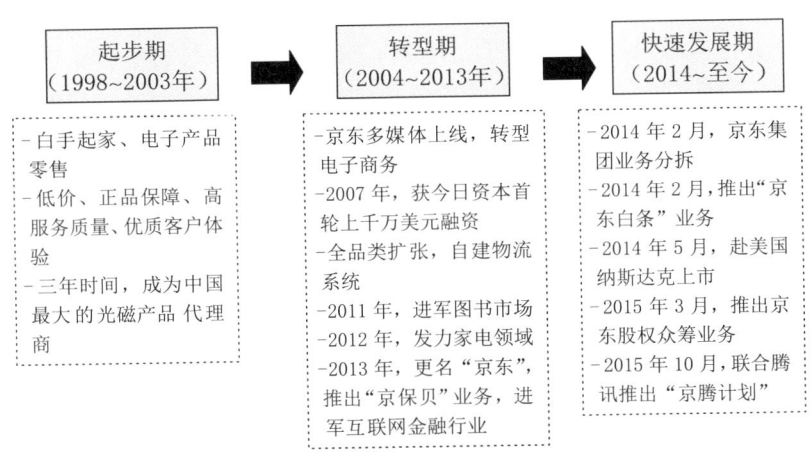

图6-1　京东集团发展历程[1]

第一阶段：起步期（1998年~2003年）。1998年6月，具有社会学系背景和精湛计算机技术的刘强东白手起家，在中国零售业秩序混乱、充满贪腐欺诈的市场环境下，仅凭借着一个4平方米的摊位，一台二手电脑，一辆二手三轮车，在当时中国最具活力的创业地带中关村创立了京东多媒体，这家多媒体摊位就是京东的前身。

京东多媒体的早期业务以批发为主，兼营零售，是一家做刻录机、录像带转制系统的线下售卖柜台，后紧随时代潮流，增加了光磁产品的销售和服务。当时，中国光磁产品假货、盗版盛行，京东一直坚持正品、低价、低利润。凭借着低价、正品保障、高

---

[1] 根据京东集团官网及公开资料整理而成。

服务质量的优质顾客体验,京东多媒体仅用3年时间便在国内发展了十余家分公司,成为当时中国最大的光磁品代理商之一。

第二阶段:转型期(2004年~2013年)。然而,好景不长,2003年"非典"在中国全面爆发,给线下零售业务带来了巨大冲击,刘强东不得不关闭所有线下门店,公司瞬间陷入破产境地。与此同时,一种新型的零售模式——"电子商务",正在中国悄然兴起并快速发展壮大。如果不能够面对面进行交易,为何不通过互联网交易呢?随着互联网技术在中国的快速发展,在电子商务市场刚刚起步的时候,敏锐的刘强东审时度势,果断勇敢地将京东多媒体搬到了线上,正式涉足电子商务领域。京东多媒体网站(www.jdlaser.com)于2001年1月1日正式上线,成为当时国内刻录机玩家推崇的电子商城。

2007年,京东在历经3年时间的磨炼与探索后快速发展,吸引了今日资本的首轮千万美元融资,从此打开了通往京东新世界的大门,其管理团队也逐渐由草根起家的游击队向正规军转化。同年,极具长远眼光的刘强东不顾投资人和管理层的强烈反对,坚持全面、快速推进全品类扩张和自建物流两大重要战略决策,并将京东多媒体正式更名为京东商城(www.jdbuy.com),成为一家综合产品销售的电子商城。

随后的几年时间里,京东向这两大战略坚定不移地推进着,从大家电扩张到图书等全品类的扩张,从华北、华东地区向华南、西南、华中、东北等区域的连接布局,完美地体现了"京东速度"。与此同时,京东又先后获得了香港百富勤创始人梁伯韬、雄牛资本、老虎基金、高瓴资本等个人和风险投资集团的融资,成功渡过了2008年的资本寒冬。

获得雄厚资本支持后,京东开始攻城略地,疯狂地进行规模扩张,抢占市场,终在2009年成功击败竞争对手"新蛋",

并瞄准下轮竞争目标"当当"和"亚马逊"。2011年起,京东全面进军图书市场,以低价策略攻破电子商务的最后一公里,完胜"当当"和"亚马逊"。随后,为了追求成长性,京东在家电领域开始发力,在经历了8.15低价大战、与供应商博弈、改善厂商关系等一系列战略措施后,京东品牌开始深入人心,成为正品、低价、快速送达、优质电商的代名词。2013年3月,京东商城正式更名为"京东"(www.jd.com),开始去商城化,为未来的物流、金融、云计算等业务的拓展留下更大的可想象空间,并于同年推出具备供应链金额服务功能的"京贝保"产品,开始进军互联网金融行业。

第三阶段:快速发展期(2014年至今)。2014年4月2日,发展逐渐趋稳的京东已成为中国最大的自营式电商。为进一步优化公司治理结构,京东集团正式分拆为京东商城、金融两个子集团,一个子公司"拍拍网"和一个海外事业部,京东创始人刘强东担任京东集团CEO。

作为可以称得上是新时代标杆企业的京东,它的发展历程艰难坎坷。在其最困难的时期,是风险投资人的支持与信任助其一步步渡过难关,走向光明的未来。为了回报投资者,更为了有朝一日能够成为"国民京东",京东开始在资本市场寻求更大的资本支持。2014年5月22日,京东在美国纳斯达克成功上市,股票代码JD,成为中国第一个成功赴美上市的大型综合电商平台,市值超过300亿美元,也是当时中国最大的赴美IPO公司。刘强东的独特魅力和长远眼光,再加以京东团队的拼搏精神,造就了如今其中国最大自营式电商、第四大互联网巨头的行业地位,同时也给予了风险投资人超过百倍的回报。

与此同时,京东开始大力布局互联网金融业务。2014年2月,"京东白条"业务正式推出。作为业内首款向个人消费者发布的互联网消费金融产品,"京东白条"利用大数据评估消费者信用,并以消费者信用为依托,为其在京东商城购物进行消费贷款。目前,该业务领域已经覆盖了教育、租房、装修、旅游和婚庆等多类消费场景。2015年3月,京东股权众筹业务上线,掀起了互联网金融的浪潮。同年10月,京东集团与腾讯集团联合推出全新战略合作项目"京腾计划",致力打造"品商"创新模式生意平台。2017年1月4日,京东与中国银联达成战略合作协议,旗下支付公司正式成为银联收单成员机构之一。

目前,京东集团已发展成为集电商、互联网金融、O2O于一身的大型互联网企业,旗下有京东商城、京东金融、拍拍网、京东智能、O2O及海外事业部,业务遍及全球各地。2015年,京东全年交易总额达4627亿人民币,同比增长78%,净收入为1813亿人民币,活跃用户总数为1.55亿人。

正是通过这些年来的不懈努力和独特的战略眼光,京东才能在竞争十分激烈的互联网行业中脱颖而出,在质疑声中用实际行动证明自己,坐到了如今行业巨头的位置。也正是京东不急于求成、步步为营、稳扎稳打的发展战略,才能使京东在金融、众筹领域开辟出一片新的天地。京东东家发展过程中的关键事件如图6-2所示:

购物打白条	生活打白条	信用服务	个人/企业服务	校园金融	农村金融
白条	汽车分期	小白信用	金条	校园特权	京农贷
白条优惠	旅游	白条联名卡	抵质押贷		
白条还款	买房装修	京东钢镚	借钱		

图6-2 京东发展大事记[1]

---

[1] 来自京东集团官网。

第六章　京东东家众筹融资运作模式分析

二、京东金融的发展背景

随着京东商城在各类电子商务交易市场的高歌猛进，其交易规模、营业收入及用户数量呈井喷发展态势，为了更好地服务供应商及消费者，京东集团开始在互联网金融领域布局，为集团的快速发展打造更完整的生态链系统。

由于京东商城本身属于零售业，需要对接大量供应商，以获得稳定的供货支持，因此，通过快捷有效的金融支持，强化与供应商之间的合作关系，打造更为密切的利益共同体，成了京东的必然选择。早在 2012 年 6 月，京东就开启了互联网金融领域的布局，与银行和各类金融机构对接合作，如与中国建设银行合作推出资产保理计划，为上游供应商提供短期融资和资金周转服务；开启了资产证券化（包括资产包转、计划、协同投资）业务；收购网银在线，为其支付业务的开展奠定基础。

2013 年号称我国互联网的金融元年，随着"余额宝"的问世，互联网金融开始蓬勃兴起，阿里巴巴、腾讯、百度等互联网巨头纷纷加入、抢占市场，推出了一系列具有代表性的互联网金融产品。2013 年 7 月，京东集团正式将金融业务板块与电商业务隔离，成立了独立的金融事业部。京东金融开始进入相对独立的快速发展期，并于当年获得商业保理、小额贷款和基金支付牌照。京东金融作为京东集团旗下两大子集团之一，已经成为京东集团增长速度最快的核心业务板块，也是未来京东的主要盈利点。京东集团 CEO 刘强东表示，未来十年京东 70%的利润将来自京东金融。

目前，京东金融的布局初步完成，已经形成了"供应链金融、消费金融、众筹、支付、财富管理、保险和证券"七大业务板块，成为一家综合性的互联网金融混业集团。以下将对各

业务板块进行具体介绍,具体业务如图 6-3 所示:

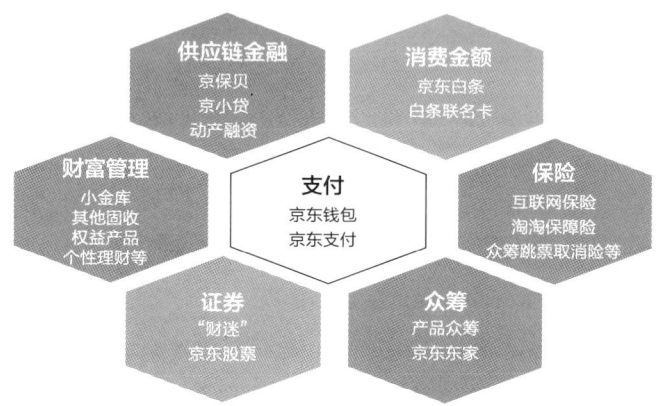

图 6-3　京东金融七大业务板块[1]

1. 供应链金融

依托庞大的京东集团电子商务零售体系,供应链金融无疑成了京东金融最核心的业务板块之一。京东供应链金融与核心企业产业链密切相关,简而言之,就是将核心企业与上游的供应商、下游的制造商、分销商以及零售商联系起来,为其生产经营活动量身定制金融产品和金融服务,以增强整个生产链条资金的流动性,提高营运效率,并构建比较稳定的利益共同体,形成生态链上的闭环效应。[2]供应链金融开展业务的前提是必须在生产链条中找到一个核心企业。京东就是这样一个核心企业,上有大量优质的供货商,下有众多消费者和潜在的金融业务客户,能够起到很好的链接作用。对于集众多资源和大数据于一身的京东来讲,开展供应链金融业务可谓是水

---

[1]　来自京东集团官网。
[2]　冯一萌:"京东金融再出发",载《IT 经理世界》2014 年第 7 期。

第六章 京东东家众筹融资运作模式分析

到渠成。

2013年9月,京东集团旗下小贷公司正式成立,致力于为集团供应商(自营)和卖家(开放平台)提供便捷的小额贷款融资服务。秉持着这份美好的愿景和执着,同年12月,京东金融第一款供应链金融产品"京保贝"正式上线运营。之所以称之为"保"贝,是因为该业务在性质上属于保理牌照业务范畴,必须发生真实的交易,才能够获得"京保贝"的融资贷款。"京保贝"主打3分钟快速放款业务,只要供应商拥有一个自己的客户端,然后在相应的平台上提出用款需求,提供交易单据,"京保贝"便能够立即调取该供应商在京东数据库中的所有信用信息,并且快速审核,一经通过,立即放款,整个过程不超过3分钟。这极大地缩短了传统信贷的审批时间,有效地解决了供应商融资周期长、手续繁琐等问题,提高了供应商企业的资金周转效率,与此同时,也加快了京东商品的补给和上新速度,实现了京东集团与供应商企业的合作共赢。

继"京保贝"之后,2014年10月,"京小贷"信用贷款产品正式上线,为京东商城开放平台上的商家提供融资服务。"京小贷"以商户需求为出发点,结合京东商城大数据库中高质量的、真实的用户信息,为中国销售正品行货商家提供融资服务。与"京保贝"不同的是,在商家提出融资需求后,"京小贷"会根据该商户在京东商城上的经营行为(包括销售额、消费评价、商品丰富度等多项指标)来确定对其提供融资服务所需的贷款利率和贷款额度,合理地根据商家的信用信息进行放贷。商户无需提供抵押品或担保,这极大地改善了小微商家长期以来"融资难、融资贵"的瓶颈。除此之外,"京小贷"还在积极探索线上与线下相结合的交易模式,扩展业务范围,开发融资服务产品和风险防控技术,致力于在未来能够为集团乃至外部的一大批交易型平台提供融资服务和风控技术支持。

除了针对京东体系内的供应链金融产品"京保贝"和"京小贷"外,京东供应链金融已经开始在京东集团体系外布局,并已崭露头角。2015年9月8日,京东金融携手中邮速递物流,推出互联网金融领域首个针对电商企业的动产融资产品"云仓京融",开启了京东供应链金融"走出去"的发展道路。该产品的服务理念在于解绑传统银行认可的质押品在大宗商品上存在的限制,转而认可品类多、价格变化快、银行缺乏风控能力的消费品为动产融资抵押品。从而有效地缓解了小微商家的融资压力,提高了融资效率,同时为互联网供应链金融产品的创新发展提供了值得借鉴的新思路。

2. 消费金融

京东金融的整体布局是以京东商城为核心,围绕着其电商属性发展而来的,因此,其金融产品的设计体现了包含京东集团、供应商、分销商和消费者在内的生态系统构造。消费者作为京东集团生态系统构造的最终服务对象,处于生态系统末端,却有着举足轻重、决定成败的关键作用。如何为广大京东消费者和潜在用户提供高品质金融服务,提高用户体验,成了京东金融必须面对的关键问题。在此背景下,京东金融根据京东用户的消费习性和消费偏好,针对下游个人消费者推出了一系列消费金融产品。

2014年2月,经过了京东集团内部测试的"京东白条"正式上线,成了互联网消费金融领域的第一款创新性产品,也成为京东金融乃至是京东集团最具竞争力的核心产品,在业界名声大噪。京东白条业务模式如图6-4所示:

第六章 京东东家众筹融资运作模式分析

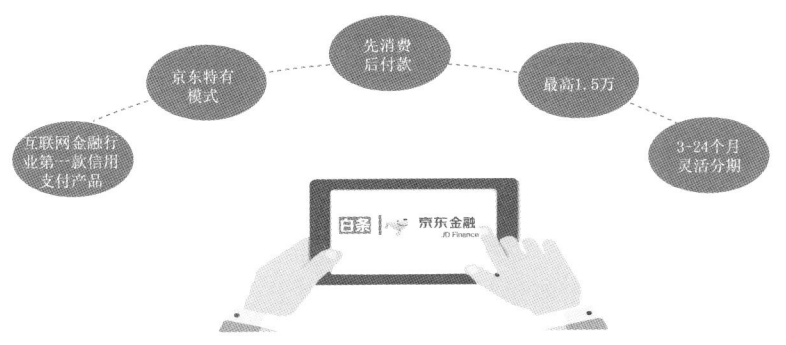

图 6-4　京东白条业务模式特征[1]

京东白条给消费者带来的是一种使用无卡信用卡的权利和用户体验。通过简单的在线申请，平台便会根据用户的个人消费和信用记录进行快速审核，确定该用户的授信额度，最高授信额度可达 15 000 元。消费者获得信用额度后，在京东商城购买商品时，可选择最长 30 天的延期付款，或者采用 3 个月~12 个月、费率约为 0.5%~1.2% 不等的分期付款方式进行支付。京东白条是针对年轻消费群体进行设计的，这类群体对于时尚新品有较高的热衷度，对于新上线的产品有较强的购买意愿，但其支付能力相对不足。京东白条可以减轻这类消费群体在某一时点上的支付压力，从而增强消费者忠诚度和消费黏性，在大力推广金融产品的同时达到促进消费的目的。京东白条的诞生是继阿里余额宝之后的又一款互联网金融创新标志性产品。与余额宝的理财属性不同，京东白条的模式化更重一些，整个产品的设计重在改善消费者的消费体验。秉持着集团"服务至上"的宗旨和"多快好省"的产品设计理念，以其自营商品和自有物流为核心价值，京东白条设计了一场消费场景化之旅。

[1]　来自京东集团官网。

随着京东白条业务的快速发展，消费金融开始向其他新场景延伸。2014年9月，京东金融看准了大学生这一庞大而高品质的消费群体市场，再次发力上线校园白条业务，旨在为大学生群体提供更优质的服务体验，从而培养其消费习惯。除此之外，为了丰富消费金融的应用场景，京东金融还陆续推出了旅游白条、租房白条、首付白条、农村金融、汽车金融、京东金采和京东钢镚等不同场景的消费金融产品，从京东商城的体系内逐渐延伸到其体系外，扩大覆盖范围，积累更大规模的用户和消费群体。

3. 众筹业务

近年来，融资难的问题不断困扰和阻碍着我国中小微企业的发展，而中小企业又是我国国民经济发展的重要支柱。因此，在"大众创业、万众创新"的经济新形势下，为了缓解中小微企业的融资困境，打通中小微企业长期存在的融资瓶颈，多层次资本市场的建立和完善至关重要。周小川指出，多层次资本市场的产生要靠金融创新。众筹尤其是股权众筹成了我国多层次资本市场的重要补充和金融创新的重要领域之一，有力地改变着我国资本市场由新三板、创业板、中小板和主板长期形成的倒金字塔形发展态势。一方面，采用股权众筹融资模式可以有效地弥补传统信贷审批周期长、放款额度低、对抵押品要求高、手续繁杂等方面的缺陷，帮助中小微企业在初创期快速获得资金支持。另一方面，项目众筹过程中使用了众筹平台和互联网技术对项目进行介绍和展示。由于互联网现已大面积普及，且具备快速传播特征，能促使投资者更加详细地了解融资项目方方面面信息，有效地提高项目信息的透明度。投资者可以在充分了解项目信息的基础上，根据自己的喜好及风险承担能力做出合理的投资决策，有效地避免因信息不对称而产生的融资风险，保障投资者的利益。由此可见，众筹的产生有利于满足资本市场上资金供求双方的多层次化需求。

众筹最早起源于美国，早期是艰苦的艺术家们为了创作进行融资的一种手段，后逐渐演变为初创企业为了获得融资而出让一定比例的公司股份作为回报的一种筹资方式。众筹在2011年被引入中国，由于其融资模式能够有效地解决中小微企业"融资难、融资贵"的顽疾，逐渐得到了社会民众的广泛认可和政府政策的大力支持。之后，众筹（尤其是奖励众筹和股权众筹）在我国迅猛发展，众多互联网巨头纷纷加入该行列，京东集团也不例外。

2014年7月，京东金融开始涉足众筹领域，旗下众筹业务"凑份子"正式向公众亮相。"凑份子"是一家集众筹融资和小微企业孵化于一体的新型众筹平台，最初业务定位于产品奖励性众筹。项目发起人可以在"凑份子"平台上发布自己想设计发布的产品信息，包括产品介绍、功能、基数参数、价格等，投资者可以通过众筹平台向自己感兴趣的产品模型进行投资，一旦投资达到预定额度，项目众筹成功。项目发起人收到投资者的投资款后，将按照项目发起时的承诺，对发布产品进行批量生产，并将产品及时寄给投资者作为回报。"凑份子"运作模式类似于预售形式，主要面向某类产品的发烧友等。众筹平台对项目发起人具有监督作用，会督促项目发起人按时完成项目产品设计和生产，并按要求将产品寄给投资者。

鉴于京东集团特有的自营电商资源优势，其众筹产品最初瞄准智能硬件和流行文化两大领域，旨在吸引热衷于科技和流行元素的高端消费群体。一方面，帮助有创新技术和产品的项目发起人打通融资渠道，筹资资金尽快将产品设计并生产出来，为进一步发展奠定基础，切实起到平台的孵化作用；另一方面，使部分发烧友能够提前享受到创新产品和服务。同时,在项目发起人与消费者之间搭建良好的沟通桥梁,由于产品众筹的投资者大部分都是产品的忠实用户,在产品使用过程中会不断给项目发起人提供建议和修改意见,项目发起人可以根据消费者的建议对众筹产品不断进行改进和完善,进一步满足市场需求。为了控制风险,提高用户体验,京东产品众筹对项目发起人有一定的限制和要求,很少上线只是停留在美好的创意形态阶段的产品,一般要求产品已初步成型,并且能够为众筹投资者带来确确实实的价值。

依托于京东集团体系内的优质资源,京东产品众筹的业务领域不断扩大,其业务规模也呈爆发式增长态势,并于2015年取得阶段性成果。截至2015年9月,作为行业后起之秀的京东众筹,产品众筹总筹资额突破10亿,成了国内首个迎来10亿级体量的产品众筹平台。

与此同时,京东众筹开始在股权众筹领域发力,积极探索股权运作模式。2015年3月31日,"京东东家"股权众筹平台正式上线,并引起投资者的高度关注。平安创投、彬复资本、真格基金、沈南鹏和徐小平等著名投资人都参与其中,成了某些项目的领投方。"京东东家"运作时间虽然不长,但在行业内已取得了骄人业绩,目前,融资成功项目近百个,融资总额超过10亿元,其中,十余个优质发起项目正在筹备新三板上市,半数项目正在筹备下轮融资。

4. 支付业务

第三方支付牌照是互联网金融的核心业务,在电子商务交易中起着至关重要的作用,京东集团要想布局互联网金融业务,获取支付牌照是必不可少的环节。随着电子商务的快速发展和电商企业的迅速崛起,人们逐渐习惯甚至依赖于网络购买日常

第六章 京东东家众筹融资运作模式分析

生活所需。电子商务交易规模每年都呈现量级增长，第三方支付也成了电商战略布局中的重要板块，支付牌照获取的难度也在逐年增加。

2012年9月，京东在无任何征兆的情况下，悄无声息地收购了网银在线（北京）科技有限公司，这无疑是间接取得支付牌照的最快方式，也为京东集团完善生态链布局打下坚实基础。然而，在取得牌照后，京东并没有立即将其使用在用户的支付平台上，而是花费了近18个月左右的时间全面布局金融业务，建立起自己独立的支付系统。这一方面可以为其赴美IPO上市增加砝码，获得更好的估值；另一方面可以为其电商业务的发展提供更为有效的支付手段，将支付手段与京东电商业务有效链接，实现上下游资源的优化整合。2014年3月，低调在PC端上线的"京东网银钱包"正式亮相，它承载了京东集团各类账户体系，涵盖了其在线支付的各个环节，是未来将整个京东集团业务打通的重要载体。与此同时，京东推出了类似于余额宝的理财产品"小金库"，作为支付媒介，其功能除了基础的个人资产增值服务外，同时着眼于未来对京东体系内和体系外业务进行整合。

2015年4月，"网银钱包"正式更名为"京东钱包"，"网银+"更名为"京东支付"，这一举动使第三方支付业务板块在名称上与京东集团的企业核心文化紧密契合。至此，京东金融的支付业务在整个金融乃至集团领域内形成了一个有力的黏合剂，成了集团内部乃至将来延伸到外部的主要核心业务板块。2017年1月4日，京东第三方支付业务又取得重大突破，京东金融与中国银联签署战略合作协议，宣布旗下支付公司正式成了银联收单成员机构，可以开展银联卡线上线下收单业务。根据协议，双方还将在支付产品创新、联名卡、农村金融等多方面开展合作，共同探索大数据金融服务和国际业务。

5. 财富管理、保险、证券业务

2015年是京东金融飞速发展与壮大的一年，除了在供应链金融、消费金融、众筹、支付业务领域取得非凡业绩和突破性进展外，一直定位于科技金融公司的京东金融发挥其在B2C领域深耕多年的优势，积极布局财富管理、证券和保险业务，并取得相应进展。

2015年，京东金融推出了财富管理业务，该业务板块依托京东集团电商平台上多年积累的交易数据、信用体系和专业的财富管理团队，向用户提供互联网理财产品和个性化理财需求服务。其开发的理财产品不仅涵盖了常规票据、债券、基金、定期理财等常规领域，还包括极具京东特色的、面向广大普通用户的妈妈理财、工资理财、白拿理财、慧投理财等理财产品。2015年5月，京东金融股票平台"财迷"正式上线，意味着京东金融开始涉足互联网证券领域。该平台在提供股票技术服务及交流的同时，还为普通投资者提供了股票投资教育和模拟操作两大服务，是一款真正站在用户角度提供投资增值服务的金融产品。

2016年12月，京东金融推出了面向高端客户的金融服务平台"东家财富"，此举标志着京东金融的理财产品已经开始对客户群进行细分，并拥有为客户量身定做理财方案的能力。"东家财富"依赖于拥有专业的投资能力、丰富的投资经验、敏锐的风控意识的顶尖金融行业管理团队，为高端客户打造可信赖的财富管理平台。

2015年6月，京东金融又一板块保险业务正式上线。借助京东商城12周年店庆的6·18活动造势，同时发挥其电商背景下的大数据风控能力和风险定价能力，京东金融联合了传统的保险机构,在业内推出了 5 款首创的互联网金融创新产品,即众筹跳票取消险、投资信用保障险、海淘保障险、家具无忧保障险和 30 天退换货险,开辟了互联网金融涉足保险产品的先河。

飞速发展的京东金融已成为京东集团的核心业务和战略板块,是京东集团未来发展的重点领域之一。然而,具有外资背景的京东金融若想要在中国金融行业内大力发展,难免会受到政府政策监管方面的限制。因此,为了便于其日后在中国开展某些需要政府许可的金融服务业务,从而更好地利用中国资本市场的资金。京东金融在 2016 年 11 月宣布重组,转型为只有中国投资者作为股东的企业,拆 V 回归。此举意味着京东金融未来将成为一家完全独立于京东集团的公司,同时不排除其有未来寻求国内 IPO 的可能性。

三、京东东家的发展背景

京东东家隶属于京东金融集团,是一家致力于为创业者提供融资机会,为投资者提供资产增值服务,搭建创业者与投资者之间资本桥梁的股权众筹平台,同时也是一家创新型项目孵化平台。

2015 年 3 月,第一场春雨落下的日子,京东私募股权众筹平台正式上线。与此同时,京东集团宣布成立京东众创学院,由刘强东担任校长,建立京东众创生态圈,为小微企业和创新型项目提供众筹和孵化服务。为了吸引更多的协力方一同加入,构建完善的众创生态系统,京东众创生态圈的各类优质资源将同时向创业者和创业企业开放,并为其提供"融资、咨询、辅导、培训"等一站式孵化服务。2015 年 8 月"京东私募股权众筹平台"正式更名为"京东东家",标志着其成了真正意义上的股权众筹平台。

到目前为止，仅仅上线一年多的京东东家，在股权众筹领域已经取得了不凡业绩，成了行业的小龙头。据清科研究中心最新发布的《2016年股权众筹报告》显示，截至2016年底，中国股权众筹平台已有141家，这一百多家股权众筹平台在2015年成功筹集资金43.74亿元人民币，仅后来居上的京东东家一家的融资额就超11亿元，占到了接近25%的市场份额。由此可见，京东东家的发展势头不可小觑。

截至2016年12月，京东东家已帮助106个创业创新企业成功获得融资，总融资成功率超过90%，总融资额接近13亿元。其中，多个项目正在筹备登陆新三板。"老炮儿"演唱会的成功退出、杭州星推网络和小帅影音等多个成功案例也证明了京东东家不同凡响的实力，尤其是小帅影音下轮融资的成功退出，也为行业的整体发展打开了新思路。

京东东家在业内首推"创投板+消费版"的股权众筹融资模式，其中创投板又推出了"领投+跟投"的模式，在充分发挥领投人作用的同时，极大地降低了投资风险，受到了广大投资者的支持和追捧。作为后起之秀的京东东家，能够在短暂的时间内获得如此成功，其成功秘诀值得人深思。本章将对京东东家"创投版"和"消费版"的股权运作模式进行系统、深入的剖析，并提出相应建议及改进措施。

第二节 京东东家业务现状及行业竞争分析

一、京东东家发展现状

京东东家自2015年3月上线至今，已成功摸索出三种业务众筹融资模式，即创投版、消费版和文化版股权众筹，共同构成了京东东家整体业务的三大重要战略板块。其基本情况如图6-5所示：

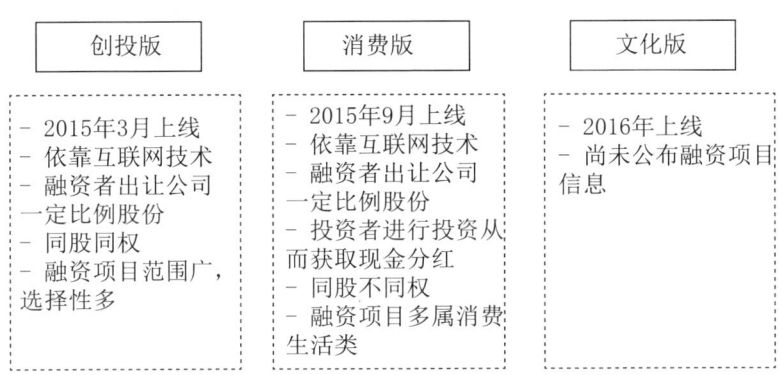

图 6-5 京东东家三大业务板块

到目前为止，仅仅上线一年多的京东东家，在股权众筹领域已经取得了非凡业绩，成为行业的领军企业之一。据相关统计数据显示，截至 2016 年 12 月，京东东家融资成功项目已达 106 个，融资总额接近 13 亿元。其中，创投版项目融资总额超过 12 亿元，消费版项目融资总额接近 3000 万元。具体融资项目数量、融资金额和融资额增长率如表 6-1 所示：

表 6-1 京东东家股权众筹平台融资情况

日期	项目数量（个）	融资金额（万元）	融资额增长率（%）
2015 年 3 月	3	2622.38	
2015 年二季度	25	19 082.4	
2015 年三季度	18	19 529.5	2.34%
2015 年四季度	23	26 113.3	33.71%

续表

日期	项目数量（个）	融资金额（万元）	融资额增长率（%）
2016 年一季度	17	26 531.1	1.60%
2016 年二季度	14	23 552.9	−11.23%
2016 年 7 月	6	2864.9	
合计	106	120 296.48	

资料来源：根据京东东家官网数据自行整理而得。

二、京东东家波特五力模型分析

近些年来，股权众筹在我国呈现爆发式增长态势，具备广阔的发展空间，各类企业纷纷布局。以下，笔者将采用波特五力模型对京东东家的卖方议价能力、买方议价能力、现有竞争者、新进入的竞争者和替代品的威胁展开分析，具体如图 6-6 所示：

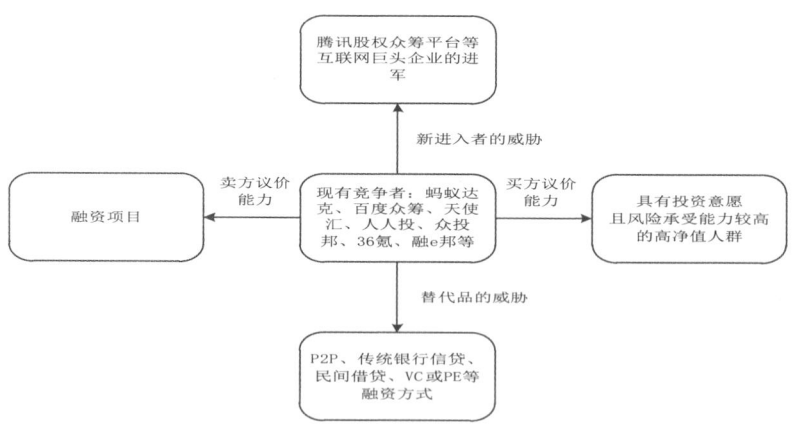

图 6-6 京东东家行业竞争分析

第六章 京东东家众筹融资运作模式分析

1. 新进入者的威胁

中小微企业作为国民经济发展的重要支柱,对我国 GDP 总量的贡献已超过 65%,但其融资困境也一直为社会各界所关注,成了政府致力解决的一大难题。股权众筹融资方式在一定程度上缓解了中小微企业的融资困境,得到了政府的大力支持。由此可以预见,随着我国中小微企业数量的不断增加,以及大众创新、万众创业政策的进一步推进,股权众筹具有广阔的市场空间,发展潜力巨大。

巨大的市场蛋糕必然会吸引一大批企业布局股权众筹业务。由于当前我国股权众筹相关法律法规还不健全,监控机制还不完善,尚未出台明确的准入门槛,有可能会导致进入者鱼龙混杂。再加上普通投资者对股权投资的风险意识薄弱,容易受高收益的吸引而忽视股权众筹平台的风险监控能力,从而降低对现有众筹平台的忠诚度。因此,在此形势下,潜在进入者对于现有平台的威胁比较大。尤其是一些大型互联网企业(如腾讯等),一旦其凭借着现有资源和掌控能力布局互联网众筹行业,必将对目前业内一些小型股权众筹平台形成不小冲击。

2. 行业替代的威胁

目前,股权众筹的行业替代者主要有传统银行信贷、民间借贷和风险投资三种融资途径。由于股权众筹的目标客户主要为小微企业,这些企业信用低、风险高、单家企业资金需求量不高,这也是其常常被银行拒绝的主要原因。即使银行信贷机构开始关注小微企业业务,但从运作成本和融资效率来看,也很难与众筹平台竞争。民间借贷融资成本通常过高,高额的利息费用往往令小微企业望而却步。并且,民间信贷与银行信贷一样,属于债权融资,对于小微企业而言,财务风险过大,通常难以承受。至于像天使投资这一类的风投机构,由于机构数量和资金体量有限,其愿意参与的投资项目通常是经过分析后非常具备投资价值的少数项目,很难照顾到大量小微初创企业。由此可见,股权众筹行业替代品的威胁并不高,其低门槛、少手续、微成本、广受众等特点成了融资领域的核心竞争优势,从而获得一大批创业者和投资者青睐。

3. 融资项目议价能力

股权众筹平台的利润主要来源于发起项目众筹成功后缴纳的管理费,其比例随着融资额的不同而不等。以某大型股权众筹平台为例,该平台规定,募集金额低于1000万元的项目管理费为融资总额的5%,大于等于1000万元的项目管理费为融资总额的3%。由此可见,股权众筹平台收取的管理费并不低。但是项目发起人因可选择的替代途径并不多,再加上融资需求迫切,并没有多大的议价能力。但有些众筹平台对于市场前景好、创新能力高、潜在价值大的项目也会做出让步。由于这类项目众筹成功的可能性较高,平台会收取相对较低的管理费以吸引这类项目落户。一方面,获得一定的管理费,可以增加平台整体收入;另一方面,可以提高发布项目质量,吸引更多投资者关注,提升众筹平台人气。因此,融资项目的议价能力与项目自身的质量有很大关系,项目质量越高,其与众筹平台的议价能力越强。反之,项目质量低,其与众筹平台基本没有议价能力。

除此之外,许多平台不仅具有连接投融资者之间的中介服务功能,还能够对融资项目起到孵化作用,该类平台一般拥有自己的孵化器,孵化器与平台共同创造收益。因而,为了追求整体利益最大化,该孵化器的议价能力相对较弱。

4. 投资者的议价能力

广大投资者属于股权众筹融资发起项目的直接购买者，其投资金额及档位完全是由融资项目的需求所定的，与股权众筹平台几乎没有直接关联。并且，由于股权众筹融资的人数受到限制，项目发起人几乎不会因投资者的议价而降低融资目标从而稀释投资者的人均额度。因此，通常情况下，投资者作为股权众筹的购买方，基本没有讨价还价的能力，只能选择"参与投资"或者"放弃投资"。

综上所述，我国股权众筹行业存在新进入者威胁较大、替代品威胁较低、项目发起人的议价能力存在较大不确定性、投资者的议价能力低等特点。自2011年11月我国第一家股权众筹平台"天使汇"正式成立以来，国内股权众筹行业风起云涌，各类平台相继涌现，形成了以"人人投""众投邦""36氪""天使客""京东东家""蚂蚁达客"等为第一梯队，"京北众筹""360淘金""牛投网"等为第二梯队，以及众多小型股权众筹平台为第三梯队的竞争态势，行业竞争日趋激烈。

三、京东东家主要竞争对手分析

在我国股权众筹平台竞争如此激烈的态势下，"京东东家""众投邦""蚂蚁达客"等脱颖而出，在2016年上半年我国股权众筹融资总额排名中跻身前十位。尤其是排位于第一的京东东家股权众筹平台，融资总额达2.7974亿元，近乎是排名第二的"众投邦"的两倍，稳居行业龙头地位。各股权众筹平台融资额具体如图6-7所示：

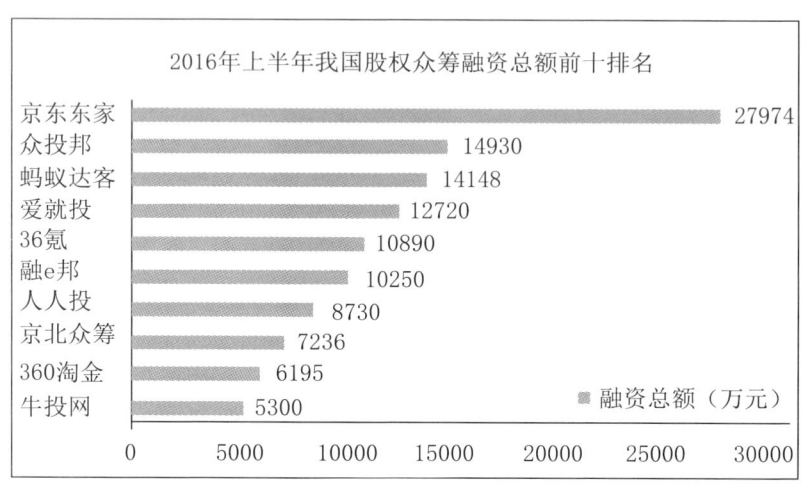

图 6-7　2016 年上半年我国股权众筹平台融资情况[1]

以下选取了"众投邦""蚂蚁达客""爱就投"及"36氪"等四家股权众筹平台,从成立时间、平台定位、融资规模和平台优势等四个方面与京东东家进行比较分析。具体如表 6-2 所示:

表 6-2　京东东家与行业竞争者比较分析[2]

平台名称	成立时间	平台定位	融资规模（万元）	优势
京东东家	2015.3	创投+消费	27974	政策支持、依托京东生态圈、领投人众多且实力雄厚、创投+消费多元化布局

[1] 清科观察《2016年股权众筹报告》。
[2] 根据网络资料自行整理而得。

续表

平台名称	成立时间	平台定位	融资规模（万元）	优势
众投邦	2013.10	专注新三板企业	14930	政策支持、商业计划书数据化、拥有高清视频会议系统、投资人单次投资额度较低
蚂蚁达客	2015.11	供应商上下游资源	14148	政策支持、依托阿里生态圈、潜在客户庞大、项目来源丰富等
爱就投	2014.5	小微券商+精品项目	12720	政策支持、创业团队经验丰富、严谨专业的交易结构设计、专门的投后管理公司和维权机构
36氪	2015.6	科技券商	10890	政策支持、与支付宝合作、项目孵化器、科技媒体支持等

四、京东东家 SWOT 分析

基于对股权众筹行业发展态势以及京东东家主要竞争对手分析，得出京东东家股权众筹平台在行业竞争中的优势、劣势、机会和威胁如图 6-8 所示：

Strengths 政策红利、背靠京东众创生态圈、领投人多且实力雄厚、业务布局多元化	Weaknesses 缺乏专业的维权机构、缺乏专业的媒体支持、交易结构设计严谨度缺失
Opportunities 政策红利、我国中小微企业融资困难、居民生活水平提高、居民投资需求增加	Threats 互联网三大巨头纷纷进军权众筹行业

图 6-8　京东东家 SWOT 分析

1. 京东东家的优势分析

京东东家的竞争优势主要体现在依托京东集团众创生态圈、拥有众多实力雄厚的领投人和业务布局多元化三个方面。首先，京东东家作为京东金融集团旗下的主要业务之一，依托京东集团庞大的潜在投资者资源、丰富的项目来源以及完善的创业众筹生态圈资源占据股权众筹行业先天优势。其次，京东东家聚集了一大批在投资领域极具信服力的知名投资机构和投资人，如真格基金、紫辉创投、戈壁创投以及薛蛮子、俞敏洪等。这些投资机构和投资人成了京东东家许多发起项目的领投人，可以利用其在业界的威望和影响力吸引一大批普通投资者跟投项目，从而大幅提高京东东家平台上发起项目众筹成功的可能性，这也是其他股权众筹平台难以望其项背的优势。最后，京东东家利用多元化布局对股权众筹产品进行了专业化细分，为目标客户群体提供了更为精准的投融资服务，从而成功地吸引到了更多的项目发起人和投资人关注。从创投版到消费版，从科技项目融资到消费众筹，一步步地将股权众筹向公开化、大众化推进。

2. 京东东家的劣势分析

然而，与"36氪""众投邦""蚂蚁达客""爱就投"等股权众筹平台相比,京东东家也存在着一些相对较弱的方面,主要体现为缺乏专业维权机构、缺乏专业媒体支持以及交易结构设计不够严谨等。如与"爱就投"股权众筹平台相比,京东东家在投后管理中缺乏专业的维权机构,一旦投资者的权益受到损害而无法找到合法的机构进行维权,便很有可能导致投资者的利益受损,从而丧失对该平台的信任,造成平台声誉下降,丧失客户资源;在交易结构的设计方面,京东东家缺乏专业机构对发起项目进行信息审查,容易被项目发起人钻空子,产生欺诈风险;与以科技媒体为前身的"36氪"股权众筹平台相比,京东东家会因缺乏媒体支持而减少曝光度,从而降低项目发起人和投资者的关注度,进而降低融资效率。

3. 京东东家的机会分析

京东东家面临的机会与股权众筹行业的发展背景密切相关。首先,股权众筹试点工作连续两年被写入政府工作报告,随着相关政策的不断出台,可以预见,在未来一段时期内,股权众筹的政策扶持力度进一步加强的同时,行业的规范和监管措施也将逐渐落地。京东东家等具备核心竞争优势、规范化发展的大平台将面临更大的发展机遇。其次,大众创业、万众创新大背景将为小微企业的发展带来巨大机遇,作为打通小微企业融资途径的股权众筹将面临更广阔的市场空间和发展前景。此外,随着我国居民生活水平和可支配收入的不断提高,民众手里的闲置资金越来越多,由此产生的投资需求也愈加强烈,股权众筹作为"高风险、高回报"的投资品种,将受到越来越多高净值家庭的青睐。

4. 京东东家的威胁分析

京东东家的威胁主要来自同行巨头的激烈竞争,面对如此利好的政策环境和广阔的市场空间,与京东东家有着同样背景的互联网巨头企业也纷纷入行布局股权众筹业务。继京东东家股权众筹平台上线以后,三大巨头之中的阿里巴巴和百度也纷纷着手推出自己的股权众筹业务,如阿里巴巴推出了"蚂蚁达客",百度上线"百度众筹"。其中,"蚂蚁达客"上线后一路赶追,仅用一年多的时间就跻身行业前三强。虽然其融资规模与京东东家还存在着一定差距,但鉴于阿里巴巴雄厚的资源背景以及完善的业务生态系统支撑,"蚂蚁达客"未来发的展态势不容小觑。

综上分析,京东东家作为后起之秀,在不到两年的时间里奠定了股权众筹行业龙头地位,其已完成的融资总额是行业亚军的一倍多,如此骄人的业绩与京东东家充分利用当前政策和资源优势,在股权众筹领域深耕细作,不断提升和完善自身投融资服务水平密切相关。与此同时,京东东家的股权众筹业务已经成为京东集团业务生态链中的重要一环,将京东集团的供应商、消费者与电商平台紧紧联系起来,构建了稳定的利益共同体,形成了多方共赢的局面。

第三节 京东东家创投版股权众筹运作模式分析

创投版是京东东家股权众筹平台首先上线的重要业务板块之一,与京东商城的电商业务有着密不可分的联系。本节将首先分析京东东家创投版股权众筹业务的发展思路和业务定位,随后分别从运作流程、风险来源及风险控制等方面对创投版股权众筹业务的运作模式展开具体分析,最后总结京东东家创投版股权众筹融资业务运作中存在的问题,并提出改进建议及措施。

第六章　京东东家众筹融资运作模式分析

一、创投版股权众筹业务定位

京东东家上线仅一年就迅速发展为行业老大。2016年，其众筹融资额度占行业总规模的1/4。从京东东家的发展历程来看，其成功的一个重要原因在于该平台结合当前经济形势和京东集团自身资源优势进行了清晰的战略定位，致力于为创新创业企业提供高效、便捷的投融资服务。

在"大众创业、万众创新"的经济形势下，国家对于创新创业企业给予的政策支持力度大、扶持力度包容度强。京东东家创投版股权众筹业务依托京东集团积累的庞大客户资源，紧密结合客户融资需求进行众筹产品设计，在运作过程中严把项目质量关，挑选出优质项目，并给予适当的资金支持与营运指导，极大地提高创新创业企业融资的成功率，提升平台在业界的口碑和声誉。与此同时，为国家培养出优秀的创业人才，促进社会经济增长。正是本着这样的高定位战略，以及其稳扎稳打、步步为营的战略规划，京东东家创投版股权众筹在很短的时间内开辟出了自己的广阔新天地。

截至2016年12月31日，仅上线一年多的京东东家创投版股权众筹平台融资成功项目93个，融资金额超过12亿元，其中，星推网络已成功登陆新三板；小帅影音已成功对接下轮融资，估值达到当初的4倍，投资人持有期回报率超过300%。

京东东家创投版股权众筹发起项目主要集中于科技创新和生活消费两大领域。在众筹成功的93个项目中，科技创新类项目众筹成功的最多，为40个，占比达到43%；其次是生活消费类，融资成功项目数量为34个，与科技创新类项目数量比较接近，占比达36.56%；其他领域众筹成功项目数量为9个，占比达9.67%。各领域众筹成功项目数量具体如图6-9所示：

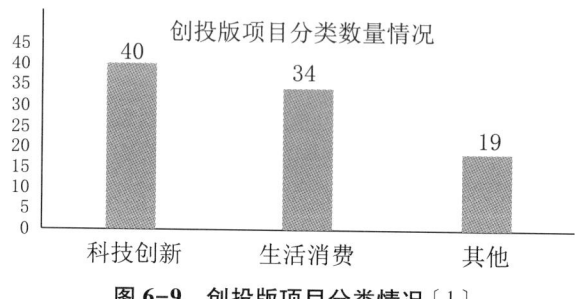

图 6-9 创投版项目分类情况[1]

为了分析京东东家创投版项目与京东商城业务之间的联系,以下对相应时间内京东商城各品类商品交易总额占比情况进行统计分析。结果如图如 6-10 所示:

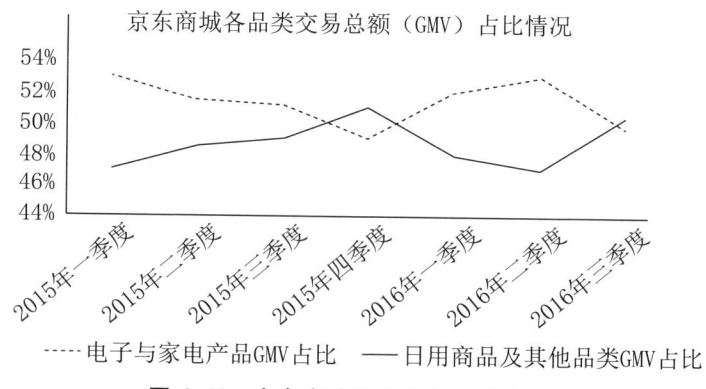

图 6-10 京东商城各品类交易总额[2]

京东商城以 3C 业务起家,后逐步扩张为全品类商城,因此,其 3C 业务有着强大的资源背景,再加上政府对创新创业政策的大力支持,该业务已经成为京东东家创投版股权众筹平台

---

[1] 根据京东东家创投版项目统计数据整理而得。
[2] 根据京东商城统计数据整理而得。

吸引科技项目的重要砝码。之后,随着京东商城不断地实施全品类战略,除电子与家电等科技类产品以外,日用商品以及其他品类的生活类商品交易总额也持续发力。二者虽会随着季度因素的影响出现波动,但整体交易总额状况已基本持平,且不断逼近商城总交易额的一半,这也为京东东家创投版股权众筹平台吸引大量生活类项目入驻奠定了重要基础。由此可见,京东东家创投版股权众筹业务与京东商城的电商业务具有比较紧密的关联。

从上述分析可见,京东东家创投版融资成功项目的分布情况与京东商城各品类业务的占比具有比较明显的关联,其业务分布基本与供应商的供应品类相吻合,与京东商城两大主要业务品类占比比较相似。目前,京东东家创投版融资项目主要分布在科技创新和生活消费两大领域,随着京东集团全品类扩张战略的进一步推进,京东东家创投版股权众筹业务在继续加大生活消费领域融资项目扶持力度的同时,有可能向全品类推进。

二、创投版股权众筹运作流程分析

京东东家创投版股权众筹平台作为连接项目发起人与投资者之间的桥梁和中介,在股权众筹业务运作中起着关键作用,其自身运作流程是否合理直接影响着项目众筹成功率及众筹融资风险控制。目前,京东东家创投版股权众筹运作流程主要围绕"筹资者、众筹平台、投资者和资金托管机构"四大主体进行设计,四大主体相互衔接、紧密合作,共同完成了创投版项目股权众筹业务。具体运作流程如图 6-11 所示:

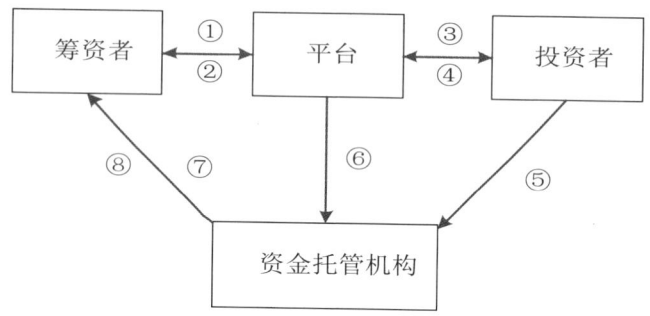

图 6-11　创投版运作流程[1]

第一步，筹资者向京东东家平台提交所需筹资项目的基本信息，具体包括产品和服务的内容、项目技术优势、市场发展前景、项目团队、融资金额、股权出让比例、风险提示，以及联系方式等信息，等待京东东家平台审核结果。

第二步，项目发起人与有意向申请为领投人的投资者进行沟通，一旦达成意向，意向领投人即向京东东家平台发出领投人申请。京东东家评委会分别对项目发起人和领投机构进行评审，审核通过后交由京东东家专业风控团队进行挑选比较，然后择优上线发布。

第三步，投资者通过京东东家平台浏览各类融资项目信息，选择合适项目，等待投资时机。

第四步，京东东家平台利用后台大数据实时了解项目的关注人数，倘若某个项目的关注投资者达到一定数量，则组织筹资者以及对该项目感兴趣的投资者们进入路演系统。

第五步，路演结束后，投资者经过为期 72 小时的冷静期慎重考虑后，根据项目筹资方要求，以及自身资产状况、风险承受能力和投资意向向第三方资金托管机构缴纳认购款。一旦认

[1]　根据京东东家网站资料整理而得。

购款达到众筹设定的阈值,项目众筹成功。

第六步,若项目众筹成功,即投资者的实际认购金额大于或等于目标筹资额,投融资者签订《投资协议》,之后将投资人的打款证明上交东家平台。待平台审核通过后给资金托管机构发布打款指令。通常情况下,如果投资者人数较多,会先成立有限合伙企业,再以有限合伙企业的名义向发起项目投资,以规避法律上的人数限制。

第七步,待资金托管机构收到打款指令后,将认购款直接转入合伙企业,再由合伙企业转向项目筹资方。

第八步,待项目众筹成功后,由领投人负责进行项目后跟踪和监控,并指导投资者在适当的时候退出。

三、创投版股权众筹运作机制分析

从京东东家创投版股权众筹项目运作流程可以看出,项目运作过程中涉及一系列重要的运作机制,包括项目众筹前的投资人认证机制、众筹过程中的"领投+跟投"机制、散户投资机制以及众筹成功后的项目退出机制等。这些运作机制(如图6-12所示)引导和规范着投融资双方的投融资行为,对于提高投融效率、降低投融资风险具有重要意义。以下,笔者将对京东东家创投版股权众筹主要运作机制进行分析。

1. 投资人认证机制分析

股权众筹的高风险性决定了投资人应具备较高的风险承受能力。京东东家要求参与创投版股权众筹的投资者至少需满足以下标准之一:第一,最近三年个人年均收入不低于30万元人民币;第二,个人金融资产不低于100万元人民币。[1]参照

---

[1] 这一规定同样适用于消费版的股权收益权类项目关于投资者资格的审核。

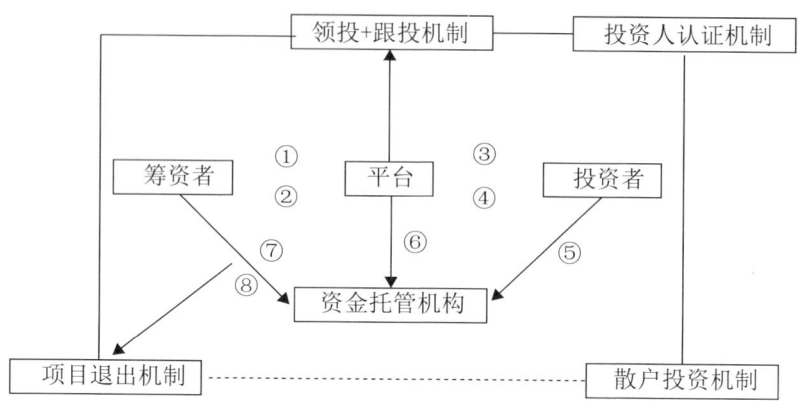

图 6-12　创投版项目运作中的各类运作机制[1]

2014年12月18日证券业协会颁布的《私募股权众筹融资管理办法》(以下简称《管理办法》)中关于合格投资人的规定，要求合格投资者至少符合下列条件之一：第一，《私募投资基金监督管理暂行办法》规定的合格投资者；第二，投资单个融资项目的最低金额不低于100万元人民币的单位或个人；第三，社会保障基金、企业年金等养老基金，慈善基金等社会公益基金，以及依法设立并在中国证券投资基金业协会备案的投资计划；第四，净资产不低于1000万元人民币的单位；第五，金融资产不低于300万元人民币或最近三年个人年均收入不低于50万元人民币的个人。由此可见，京东东家在个人金融资产和近三年年收入上放宽了参与项目众筹投资者的准入门槛。[2]究其原因可能在于京东东家的股权众筹融资平台起步比较晚，为了获得更广的投资者资源，故在一定程度上降低了投资者的准入门槛，

[1] 根据京东东家发布的相关运作规则整理而得。
[2] 可以通过成立有限合伙企业等方式满足中国证券协会《私募股权众筹融资管理办法》的相关要求。

从而获得了众多投资者的关注与支持。截至 2016 年年底,通过京东东家平台认证的合格投资者已达近 8 万人,众筹成功项目 106 个,筹资金额近 13 亿元。

上述规定表明,无论是《管理办法》中对于合格投资者认定的条件,还是京东东家平台上对合格投资者的要求,都不是普通投资者能轻易达到的。由此可见,股权众筹更多偏向那些高净值、具有较高风险承受能力的人群。

2. "领投+跟投"模式运作机制分析

"领投+跟投"运作机制是京东东家创投版融资项目的一大特色,在京东东家创投成功的众筹项目中,90%以上的项目都设置了领投人。可见,领投人在股权众筹运作中的影响力非同一般,对于引导广大投资者跟投,提高投资效率,控制项目风险具有重要作用。

由于京东东家平台上认证的合格投资者多为经验缺乏的普通投资者,大多不具备专业的投资分析技术、投资经验及风险把控能力,面对众多发布项目会不知所措、无从选择。京东东家一上线便推出了由专业投资者[1]领投,普通投资者跟投的"领投+跟投"运作模式:一方面,帮助普通投资者快速锁定优质项目,提高投资效率;另一方面,利用领投人在投资领域的专业影响力,吸引广大投资者关注,提高项目众筹成功可能性,提升平台在业界声誉,增加平台的人气。再者,利用领投人的专业能力,对项目风险进行把控,降低股权众筹投资的风险水平,提高平台的投融资服务能力。

"领投+跟投"运作机制的核心就在于领投人能够在项目众筹过程中发挥专业技能和业界影响力。因此,领投人首先应该

---

[1] 可以是投资机构,也可以是投资经验丰富的个人。

是专业投资机构或业界领军人物，甚至是大咖级别的投资人，其参与项目投资就等于对项目进行背书，认可其良好的发展前景，能够引发追星效应，吸引广大普通投资者关注。其次，领投人应该对领投项目具有浓厚兴趣，愿意花时间和精力对其进行尽职调查和专业的投资分析，并投入大量资金，只有这样才能打消投资者的顾虑，利用利益捆绑使普通跟投者放心投资；再次，领投人最好具备丰富的资源掌控能力，从京东东家众筹成功的项目来看，项目领投人多为经验丰富的风险投资或天使投资人，其背后对接着丰富的人力资本、供应链和生产管理等资源，不仅能为发起项目提供资金，还能为其及时补齐发展中的短板，大大提高创业企业的成功率。最后，为了项目众筹成功，领投人愿意将其调查分析的项目资料与跟投人分享，包括众筹前期对发起项目的尽职调查、中期参与项目路演、后期负责跟踪项目进展情况，及时向投资者展示发起项目的重要信息，给予投资者更多的知情权，使得发起项目更加公开透明。

目前，"领投+跟投"运作机制已经成为京东东家最核心价值的运作模式，京东东家平台上已经聚集了大批专业投资机构和投资领域的知名投资人，为其股权众筹项目的成功保驾护航。

3. 散户投资机制分析

为了降低投资者参投京东东家创投版众筹项目的投资门槛，帮助投资者分散投资风险、享受投资带来的乐趣，京东东家创投版众筹平台在行业内首推"小东家"计划。与普通投资者不同，小东家投资者的起投金额设置较低，最低5千元人民币，大多数投资者的投资金额在5千至1万元之间。据数据统计显示，截止至2016年12月20日，在京东东家创投版上众筹成功的93个项目中，超过90%的项目都引用了"小东家"计划，且反响强烈，得到了投资者们的广泛认可和大力支持，开放名额经常出现一抢而空、供不应求的局面，许多发起项目的投资人数一举达到上线。京东东家创投版"小东家"计划的推行，一方面，可以帮助众多小投资者有效分散投资风险，拉动普通投资者的投资积极性，提升广大普通投资者的投资兴趣，从而提高股权众筹平台的人气；另一方面，"小东家"计划的设计更加符合股权众筹"公开、小额、大众"的特点，能够对京东东家未来的公募股权业务发展起到良好的铺垫和促进作用。

随着美国创业企业融资法案第三部分的正式生效，美国人可以不需要经过股权众筹平台的认证便可自由向众筹企业进行不超过自身资产10%的股权投资，从而期望在未来获取高额的股利收益。该法案的出台是在法律层面上对股权众筹领域散户投资机制的认可，已经重新掀起美国股权众筹市场的投资热潮，并且正在悄然地向全世界范围内蔓延。由此推断，结合我国股权众筹的发展趋势，或许在不久的将来，这种散户投资机制也会随着我国相关政策的不断完善在国内受到投资者的追捧，但最终成效如何，还得取决于《公司法》《证券法》等相关法律的更新修订和相关监管部门对于股权众筹监管的新一轮思考。

京东东家创投版"小东家"计划的推出貌似已经走在了这条变革路之前。一方面，在不违反法律法规的原则基础上，合理优化配置资源，让更多普通人有机会接触初创期企业股权投资，实现财富增值梦想；另一方面，该计划的推出将股权众筹"小额、大众"的特点淋漓尽致地展现在投资者面前，开始具备真正的公募股权众筹特征。

4. 项目退出机制分析

私募股权投资具有高风险、高收益属性，其投资回收期一般比较长，大部分在4年至7年之间。传统私募股权投资人的目的并不是长期持有，甚至管理创业企业，而是通过资金注入扶持企业快速发展、成熟、壮大，并在适当时机转让或出售其所持有的股权，从而获得企业增长红利。由此可见，私募股权投资人实现投资收益的落脚点在于项目发起人股权升值时，通过转让和出售方式有效退出。因此，建立合理、有效的退出机制，增强众筹项目企业股权的流动性，是股权众筹健康、可持续发展的关键。

从当前股权众筹平台运作的实际情况来看，4年至7年的股权投资回收期对于众多普通投资者而言仍然过长。由于股权众筹项目未来发展面临极大不确定性，回收期越长，项目风险越高，投资者的顾虑也就越多。这在一定程度上对股权众筹行业的健康发展造成了障碍。因此，建立合理有效的众筹项目股权投资退出机制成为业内亟须破解的难题。

京东东家在众筹项目股权投资退出机制设计方面也是煞费苦心。截至目前，京东东家创投版平台已经为投资者提供了包括下轮融资退出选择、股权交易中心转让、并购增发以及 IPO 等退出渠道供投资者选择，不同类型、不同阶段、不同发展速度的创业企业都可以结合自身实际情况和发展特点，尽最大可能为早期的股权众筹投资者创造退出条件。

以海尔小帅影院项目的成功退出为例，自 2015 年 7 月融资成功至 2016 年 3 月底，其估值翻了 4 倍之高，后获得了微峰资本领投的 B 轮融资。在 B 轮融资的同时，先前的跟投者可自主选择退出与否，跟投者可以选择继续持有全部股权，也可以选择退出本金但将增值收益作为股权继续持有。据京东东家众筹平台统计显示，在此前一轮众筹融资的 69 位跟投人中，有 32 位投资人选择继续持有，37 人选择先拿回本金，将增值收益作为股权继续持有。

海尔小帅影院项目投资者的成功退出极大地增强了众多跟

投者们的信心,为股权众筹行业人退出机制设计提供了可以借鉴的案例和模板。与此同时,多数投资者用实际行动表明了他们对于京东东家平台股权融资项目运作与孵化的支持与认可,体现了京东东家不同凡响的创新能力。此外,该项目首创的 B 轮融资退出模式,使得部分投资者能够提前拿回本金,从而拥有再次投资其他项目的机会,增强了股权众筹市场的流动性,为投资者提供了更加灵活的投资选择,对投资者优化资产配置起到了很好的促进作用。最后,该项目让投资者自主选择退出与否,将选择权留给了投资者自己,在提高投资者投资体验的同时,实现企业长短期资金合理搭配,从而保障企业健康可持续发展。

四、创投版股权众筹风险来源及控制

1. 风险来源分析

通过创投版股权众筹融资项目运作流程及主要机制分析可知,在创投版项目众筹运作过程中存在一系列风险来源。以下,笔者将从项目众筹前、项目众筹中以及众筹融资成功后对京东东家创投版股权众筹风险来源进行梳理和分析。具体如图 6-13 所示。

(1) 项目众筹前存在的风险。京东东家创投版项目众筹前的风险主要来源于投资人资格认证、发起项目信息审查和项目申请上线等环节。

股权众筹属于高风险、高收益类投资品种,主要面向高净值、风险承受能力比较强的投资人或专业投资机构。为了避免部分不具备高风险承受能力的投资者参与其中,众筹平台会根据证券业协会颁布的《管理办法》或平台设定的规则对投资者进行认证,通过平台审核的投资者才能成为合格投资者参与股权众筹投资。由此可见,这部分风险主要来自于投资人提交信

息的真实性。

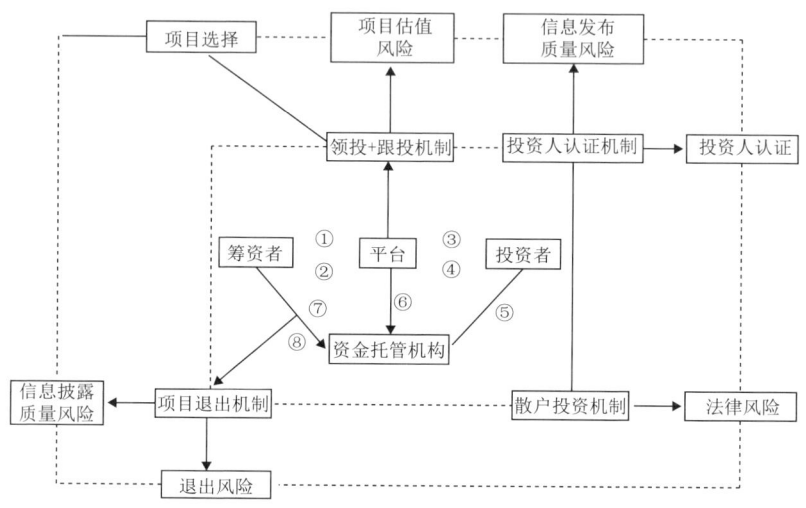

图 6-13　创投版项目运作中的风险来源

京东东家要求投资人必须实名认证，并至少满意以下条件之一：最近 3 年个人年均收入不低于 30 万元人民币，或个人金融资产不低于 100 万元人民币。如果京东东家在审核环节放松要求，未对投资人的资产和收入状况进行严格审查，或者投资人提供虚假收入和资产证明，使得不具备条件的投资者被接受为合格投资者，就有可能导致这些投资者在众筹投资过程中选择超出其能力之外的投资项目，从而损害投资者利益。与此同时，也将损害投资者对京东东家的信任，影响京东东家的业界形象和业界地位。

对于发起项目的信息审查是京东东家创投版股权众筹前的主要风险来源，也是股权众筹最难控制的风险之一。发起项目是否能够众筹成功与其提交的项目信息密切相关，项目发起人为了项目众筹成功并获得较高估值，有动机对提交信息进行粉饰,具体包括提交虚假信息、隐蔽不利信息或对有利信息进行强化、对不利信息进行弱化等。因此,如何对项目发起人提交的信息进行规范,有效甄别信息的真实有效性,就成了京东东家控制项目众筹风险的关键环节。京东东家对于项目发起人提交的信息审查比较严格,具体包括项目信息的质量、项目本身的可行性、项目未来的发展前景等。一个项目能否在京东东家平台上上线,最终的决定权在京东东家。但是,京东东家在审查发起项目信息过程中也存在一些明显的风险漏洞和隐患,如对于项目发起人提交的信息缺乏明确统一的标准;与项目发起人相较而言,京东东家处于信息劣势地位,对于一些项目核心信息(财务数据、技术优势、市场发展前景分析等)的真实性审查难度较大;等等。这些都需要京东东家进一步完善。

一旦发起项目通过京东东家平台的审核马上进入上线申请环节。如果项目选择"领投+跟投"的投资模式,就需要项目发起人与领投人协商沟通,由领投人完成该众筹项目的商业计划书和尽职调查报告,对该项目的基本信息、核心技术、市场定位、价值评估、股权结构、融资金额、出让股权比例、预期运营成果以及项目团队等进行详尽披露,其中最为关键的就是项目的价值评估。项目估值直接决定着投资者的出资金额、可以获得的股权份额、未来分红以及退出时可以获取的收益。

京东东家创投版项目估值也是其股权众筹运作过程中难度较大的部分。首先,创投版平台上发布的项目多为小微初创企业,财务数据不完善、未来具有较大的不确定性,很难用传统的价值评估方法进行准确定价。其次,项目发起人与投资者之间存在利益博弈,导致通常情况下双方对项目价值的认定存在较大差异。作为项目发起人,都希望高估项目价值,从而出让少量股权获得更多融资额度;作为投资方,都希望低估项目价值,以少量出资获得更多股份,从而获得更高分红和未来预期收益,降低投资风险,两种的立场不一样会导致大家对项目价值的判断出现较大差异。再者,领投人因利益驱动有可能与项目发起人进行合谋,共同推高项目估值,如项目发起人承诺给予更高的股份奖励、获得较高的尽职调查费用等。京东东家众筹平台作为独立第三方,如何建立机制、设定规则,引导众筹项目投融资双方进行合理的价值评价需要认真探讨研究。

(2)项目众筹中存在的风险。项目众筹过程中的风险主要来源于项目路演、投资人认购以及成立有限合伙企业导致的法律风险等。

项目路演是指项目审核通过后,京东东家平台负责牵线搭桥,为项目发起人和投资者搭建沟通交流平台,给项目发起人提供推介项目的平台,为投资者提供深度了解项目的机会。京东东家的项目路演通常采取线上、线下或线上线下相结合的方式进行。在路演过程中,京东东家创投版平台作为中介只负责为投融资双方搭桥,而不对双方尤其是项目发起人作出的言论信息做任何保证,其原因在于路演平台一般在微信端或东家2.0版路演系统上搭建,项目发起人的推介和应答具有即时性、发挥性,京东东家无法对项目发起人和领投人所发布言论进行事前审查,因此,无法保证其言论的真实性。

项目路演结束后,项目马上进入开放募集期,有投资意愿的投资者可以根据自己的实际情况决定相关投资事宜。一旦做出投资决策,投资者需将认购款打入京东东家委托的第三方资金托管机构,等待项目众筹成功后与项目发起人签订《投资协议》。第三方资金托管机构在股权众筹过程中起着至关重要的作用,其合规性、安全性是股权众筹资金安全的重要保障。

通常情况下,项目众筹成功后,京东东家会要求领投人带领普通投资者共同建立有限合伙企业,由领投人担任普通合伙人,跟投人担任一般合伙人,然后以有限合伙企业的方式入股创业公司。在此过程中,股东人数限制成了京东东家众筹项目必须规避的法律风险。我国《公司法》规定,有限责任公司的股东人数不能超过 50 人,股份有限公司股东人数不得超过 200 人。因此,为了给创业公司未来发展留出股东名额,京东东家创投版项目开放的募集人数大多控制在 50 人左右。但在京东东家创投版上线的某游戏项目中,京东东家释放的股东人数突破了这一限制,普通投资者 8 名,小东家投资者 193 名,股东人数超过了关于非公众公司股东人数不得超过 200 人的规定。其运作的方法就是通过把投资者"装入"有限合伙企业,再通过有限合伙企业投资创业公司股权,事实上,该方法已在实质上突破了公司法规定的人数限制,游走在法律边缘。

(3)项目众筹成功后存在的风险。项目众筹成功后的风险主要来源于创业企业定期披露信息的真实性和有效性以及项目能否成功退出等方面。

股权众筹项目的成功不仅仅是筹资金额达到设定的阈值,更关键在于发起项目良性运作、投资者成功退出并获得满意的投资回报。在京东东家创投版项目成功获得投资者众筹资金后,项目的领投人与京东东家众创生态圈会作为孵化器给予创业企业人力、资源和管理等方面的帮扶与指导,助其健康快速发展,从而帮助投资者能够在未来收回投资并获得满意的投资收益。因此,在项目后期运作过程,京东东家众筹平台会要求项目发起人定期披露公司季度财务报告、半年财务报告、年度财务报告和年度所得税汇算清缴报告等必备的财务信息,不定期发布公司重大事项变更信息等。如果项目发起人未在规定时间内披露上述信息,京东东家平台会在 3 个工作日内向投资者发布风险提示报告，向投资者提示项目风险，保障投资者的知情权。然而，京东东家众筹平台无法保证这些报告披露信息的真实性、完整性、合法性，再加上普通投资者专业知识储备不足，如若遇到项目发起人故意欺诈、领投人的恶意隐瞒等行为造成公司遭受巨大损失，普通投资者也将面临较大的投资风险。

一直以来，投资者如何实现有效退出都是股权众筹面临的难点之一。京东东家创投版项目投资主体多为普通大众投资人，投资经验少，对于股权投资回收期长难免存在抵触，在遇到不可抗力时可能会急于转让自己所持股份，出让变现。如果此类现象频发有可能会影响其他投资者的信心，从而影响发起项目的正常运营。除此之外，私募股权投资本身属于高风险、高收益类投资行为，既不担保本金，也不确保收益，对于普通投资者而言，项目能否成功退出并获得合理收益，具有较大的不确定性。

2. 风险控制

针对创投版股权众筹项目融资运作过程中可能存在的风险，京东东家建立了相应的风险防控措施。具体如图6-14所示。

第一，加强投资人认证审核力度，进行风险提示和风险教育。在投资者提交投资人认证申请过程中，京东东家会采用"名片+电话"的核实方式，根据投资者提供的身份信息及联络方式，进行电话回访对投资者的情况进行核实，并进行录音留证，降低合格投资人的审核风险。此外，出于法律法规风险以及业务领域等原因，京东东家会委托第三方对投资人进行法律法规要求的实名认证，以规避虚假信息，降低欺诈事件的发生。

由于非公开股权融资项目投资风险高、投资失败概率大，众筹平台、项目发起人或领投人都无法保证投资项目的本金及收益。因此，京东东家在投资人认证过程中会向投资者公示

《风险提示书》,并且在众筹平台首页整版以漫画和文字相结合

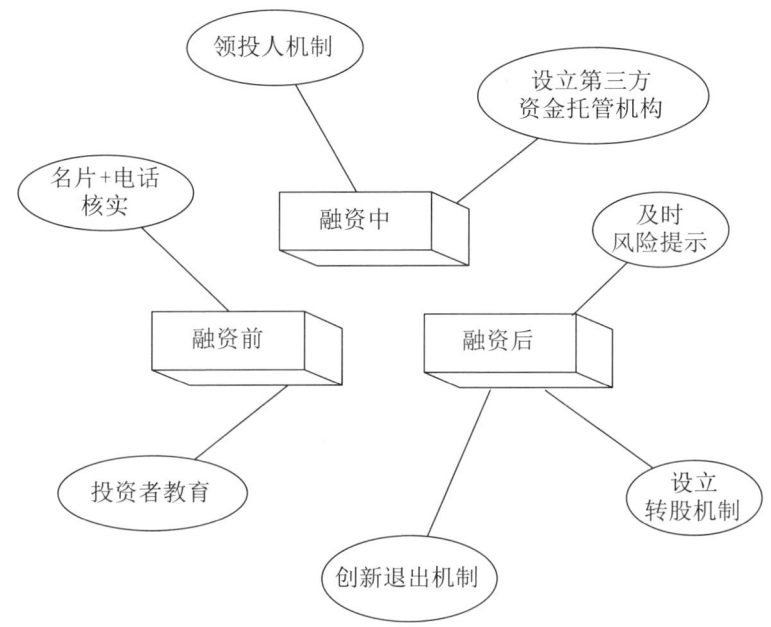

图 6-14 创投版项目股权众筹的风险控制

的方式专门对投资风险进行了详细的分析和介绍,让投资者了解股权众筹是一种高风险、低流动性的投资行为,建议投资人分散投资。通过以上措施对投资者进行必要的投资教育,保障投资者的知情权,降低其投资风险。

第二,严把项目审核关,引用领投人机制。为了最大限度地降低投资及创业风险,京东东家在项目众筹前检查环节严把项目审核关。"海选—评审—筛选",是亮相京东东家的必经之路,全程由京东东家评委会及风控团队重点把关。即所有提交到东家平台的创投版项目,都需先经评委会的挑选、审核(包括对领投机构的审核),最终交由京东东家内部专业风控团队依

据项目价值、发展前景等因素进行筛选，择优上线。经过如此严格的审查筛选后，申请项目仅有不足 2% 能够登上京东东家的融资孵化平台，这在一定程度上提高了发起项目的整体质量，降低了投资风险。

京东东家风控团队除了对发起项目进行严格筛选外，其设定的领投模式再一次为发起项目做了背书。相较京东东家内部的风控团队而言，领投人的专业资质能够更加敏锐地把握市场动向，从而选择更加具备发展前景的投资项目。"领投+跟投"机制的设立能够有效地减少因普通大众投资者对于发起项目不了解而做出错误投资决策的概率，从而在源头上降低投资者对项目的选择风险。

第三，设立独立的第三方资金托管机构。出于对投资者资金安全的考量，京东东家目前已经开展与第三方资金托管机构的合作。投资者的认购资金一般会直接转入资金托管机构设立的独立账户，并听从京东东家发布的指令转向创业企业。当然，这里也不排除会有项目发起人与资金托管机构串谋挪用资金的风险，京东东家对此还应加强监管。

第四，监督众筹成功后，项目后期运营信息披露的及时性。项目众筹成功后，项目发起人需要对公司的基础状况、重大变故等信息进行定期和不定期披露，使投资者随时了解所投资项目的运营情况，避免发生重大损失。京东东家对此规定了"三日期限"，即项目发起人若未在规定的时间内对上述信息进行披露，京东东家平台会在 3 个工作日内向投资者发出危险信号，以保障投资者的知情权，最大限度地降低投资者可能遭受的损失。

第五，创新投资者退出机制。为了降低投资者因资金周转问题所面临的破产风险，京东东家在《投资人规定》中规定，投资者可以依据个人原因合法转让其所拥有的创业企业股份。同时,出于对创业企业的运营保护,投资者不得将其股权转让给创业企业的竞争对手,不得要求项目发起人回购股权。该制度的设立变相增加了股权投资的退出方式,为投资者在遇到不可抗力的困难时提供了解决投资流动性的新出路。除此之外,为了盘活股权众筹行业的存量资产,提高行业整体的流动性,京东东家还创新了"下轮融资退出"的项目退出方式,给予投资者更多的退出选择,这在某种程度上降低了投资者持股的流动性风险。

表6-3 京东东家股权众筹平台风控措施[1]

风险来源	风险控制措施
投资人认证	"名片+电话"核实,实名认证,投资者教育
项目质量、选择问题	领投人机制,东家风控团队层层筛选机制
估值问题	无
项目路演	无
资金托管	设立独立的第三方资金托管机构
成立有限合伙企业	无
定期披露项目信息	三个工作日内风险提示
项目退出	设立转股机制,创新退出机制

由此可见,京东东家在创投版股权融资项目运作过程中也存在风险隐患。如在项目的估值问题上未做进一步核查,没有通过任何实质性的措施对项目在路演及众筹成功后管理阶段所发布的信息做出有力保障,以及众筹平台本身变相突破公司法

---

[1] 根据网络资源自行整理而得。

对于股东人数限制的规定等。这些都在某种程度上加大了投融资者及众筹平台本身的运作风险，是京东东家未来需要加强和改进的地方。

五、创投版股权众筹融资中存在的问题

由以上分析可知，京东东家创投版融资在快速发展壮大的同时，也伴随产生了一系列问题，具体体现在信息不对称、项目估值、法律和道德风险等方面。

1. 信息不对称问题

可以说，在一个项目股权众筹融资的全过程中，信息的发布及更新始终贯穿其中，且发挥着不可小觑的作用。无论是众筹平台审核项目、投资者浏览项目，还是领投人根据众筹成功后创业企业所披露的信息判断退出时机等，"信息"都是他们必备的参考依据。因而，在众筹平台上发布信息的真实性、合法性、及时性以及投融资者之间的信息不对称性无疑都构成了股权众筹融资中最棘手的风险问题。

京东东家平台也不例外，在项目众筹运作过程中最重要的路演和信息披露阶段，京东东家的作用依旧是充当中间媒介，只负责传递信息，而不能对信息的真实可靠性做出有力保障。此外，关于融后信息披露的及时性方面，京东东家虽做出了过期提示风险报告的防控措施，但却未能对创业公司所发生的重大变更事项进行实时监控，反而只能通过领投人或其他投资者的举报来获悉真实情况，根据事情的优劣程度对项目发起人进行合规处理，这种事后处置的做法在风险控制方面比较被动。倘若创业公司发生了什么重大变故，并且可能影响到公司经营状态，在这种情况下，创业企业故意隐瞒事实，推迟或有意规避披露重大不利信息，影响信息发布的及时性，则有可能给投资者造成不可挽回的损失。这种状况在京东东家之外的众多平台上也同样普遍存在。

2. 项目估值问题

股权众筹的一个核心问题就是项目估值。通常情况下，项目发起人依据项目筹资额与估值的比例来确定股权出让份额，并希望以较少的出让股份获得更大规模的融资。项目估值直接关系着投资者的收益和投资风险，若估值被盲目夸大，从而稀释投资者应占的创业公司股份比例，一旦项目溢价退出，必定会损失投资者应得的股利收益；若估值过低，将会影响项目的融资额度，影响项目后期运作，挫伤项目发起人的积极性。因此，合理确定项目估值成了股权众筹项目融资中至关重要的问题。通过分析京东东家创投版项目上的项目公告可知，目前极少项目在路演过程中提到估值的具体测算依据，大多只有一个数字，很难判断在路演之前是否对项目进行过专业的价值评估。

目前，我国多数股权众筹平台采用"领投+跟投"模式进行投资运作，由领投人负责对项目进行尽职调查，进而协助项目发起人确定项目估值方法，尽可能地降低虚夸项目价值所引发的投资风险。然而，鉴于大众投资者专业知识的匮乏，领投人是否会因利益驱动而向项目发起人妥协，蓄意利用其专业背景虚增估值，欺骗投资者，也很难核实和控制。再加上我国征信系统的不完善、京东东家缺乏专业第三方监管机构、没有建立起相应的黑名单机制和惩罚措施，导致股权众筹投资存在较大风险隐患。

3. 法律和道德风险问题

法律和道德风险是当前我国股权众筹平台普遍遇到的问题。目前，我国许多股权众筹平台游走在法律边缘的灰色地带，存在着变相突破公司法的诸多行为，甚至还存在合投代持现象,在跨越法律红线的同时,极大地增加了投资者的资金损失风险。

此外,以上提到的信息不对称、虚假信息发布、虚夸项目估值等欺诈行为,在很大程度上都是由我国股权众筹监管机构的监督制约机制缺乏造成的。加之我国征信系统的不完善、违约成本低,导致股权众筹所面临的欺诈风险骤升。然而,这些问题的有效解决不能仅仅局限于股权众筹平台,还要依靠我国股权众筹行业相关监管部门的监督和管理、社会信用体系的健全和完善来共同推动。

另外,道德风险高发也是股权众筹运作过程中的难题之一,体现在股权众筹运作的方方面面。如投资人和项目发起人提交信息的真实有效性问题、众筹平台放松信息审核标准问题、领投人与项目发起人合谋问题、项目发起人知识产权保护问题、互联网信息盗用问题等,这些都需要结合实际运作情况,对股权众筹运作机制不断进行优化和完善。

第四节 京东东家消费版股权众筹运作模式及分析

消费版股权众筹业务是京东东家继创投版之后的又一重要业务布局,旨在满足投资者们集投资与消费于一体的双重需求。与上一节相似,本节将从业务定位、运作流程与机制、风险来源及控制以及其运作过程中存在的问题等方面对京东东家消费版股权众筹的运作模式进行具体分析。

一、消费版股权众筹业务定位

消费版股权众筹的战略定位与京东集团自身业务有着密不可分的联系。倚靠着中国最大自营式 B2C 电商的资源优势,

第六章 京东东家众筹融资运作模式分析

京东东家开启了集投融资与消费为一体的股权收益权融资模式,即融资企业通过出让公司股权收益权并且同时提供相应消费服务的方式向广大投资者进行众筹融资。一方面,项目发起人可以快速获得融资;另一方面,还能够有效刺激消费,提高投资者的消费黏性和客户忠诚度。在此过程中,由于拥有京东在品牌公信度和曝光度上的优势,京东东家消费版股权众筹项目的关注度和受众率大大提高,为项目众筹成功提供了支持和保障。

自2015年9月京东东家消费版众筹上线以来,总共有13个项目募资成功,融资总额接近3000万元。从数量上来看,京东东家对于消费版众筹的风险把控应该是十分严格的。相比于创投板上93个成功募资项目,消费版众筹板块上的成功项目数量可谓少之又少,这足以证明京东东家对于该业务板块的审批严格。在项目的选择上偏向于连锁型企业,产品和服务受众人群多且为中高端消费群体。如其上线的"老炮儿"工体演唱会项目,投资者已在折合包含实物回报后的年化收益率100%左右时实现成功退出。

京东东家消费版股权众筹项目主要集中于健康养生类、服饰服装类、餐饮娱乐类以及珠宝首饰类,其中,健康养生类项目4个,服饰服装类项目4个,餐饮娱乐类项目4个以及珠宝首饰类项目1个。在健康养生类的项目中还包含1个结合地方文化特色而设计的个性旅游养生住宿项目。因而,消费版股权收益权类的项目已几乎涵盖人们生活所必备各个方面。具体情况如图6-15所示:

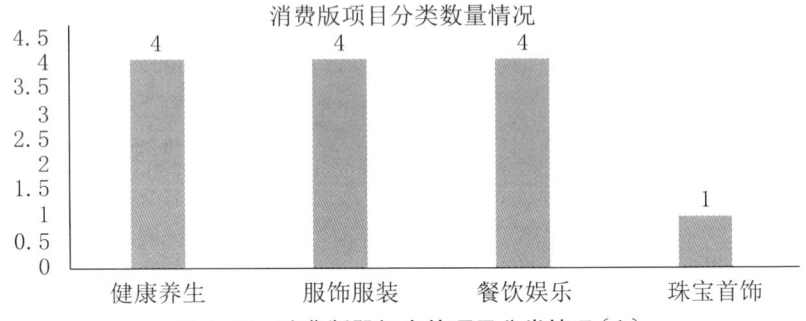

图 6-15 消费版股权众筹项目分类情况[1]

总体而言,消费版股权众筹项目的业务范围主要定位于具有生活消费属性的产品,受众群体多的成长型企业。与创投版项目的收益属性不同,消费版股权众筹项目主要以消费元素为主,在满足投资者的基础投资需求后,还可以带给投资者优质的消费体验和享受,从而提前争取该项目产品的潜在客户,利用投资连带消费的方式增强客户消费黏性,为企业的长远发展做出更大考量。

二、消费版股权众筹融资运作模式

1. 运作流程分析

同为京东东家股权众筹平台上的两大业务板块,在业务流程上,消费版和创投版的确存在不少共通之处,但这并不意味着二者之间完全没有区别。本节旨在阐述二者的差异之处,共通之处在此不再重复。

在发起项目阶段,项目发起人需要将拟进行融资项目的基础信息、目标筹资金额、筹款期限、支持档位和回报方式等上传至消费版众筹平台。待京东东家收到申请资料后,对提交的

---

[1] 根据京东东家消费版众筹融资项目整理而来。

第六章 京东东家众筹融资运作模式分析

资料进行审核，初步判断其成功执行的可能性，并对筹资金额、筹款期限、支持档位等提出相关建议。然后，京东东家与项目发起人进行协商并达成一致后，项目上线，投资者此时可以在京东东家平台上浏览到该项目。在此需要说明的是，支持档位是指项目发起人根据不同投资者的需求及风险承受能力的不同而划分的投资金额档位，一般分为1万元、3万元、5万元、10万元档等，类似于创投版中的小东家角色，但又与之存在本质区别。小东家的存在是为了降低投资者的投资起点，而消费版众筹的所有投资者投资起点是平等的，其投资金额主要依据划分不同档位来决定。一般来讲，投资金额的档位越高，限制的投资者人数越少。不同的项目所划分的档位也不同，有一档、二档、三档，甚至更多，每档的金额是固定的，不可随意递增，只能在允许范围内增加份数。

项目上线后，京东东家将协助项目发起人进行路演讨论，向投资者充分介绍项目的基本信息、团队建设、融资方案及回报方式等。投资者可以根据个人的关注点向项目发起人提出疑问，进行质询。路演结束后，若投资者决定投资，则可以直接按照不同档位的选择将认购款打入第三方资金托管机构。待冷静期满（24小时后），认购期结束后，若众筹融资成功，项目发起人会根据项目说明，向投资者定期赠送消费金、打折卡等融资项目福利，完成整个消费版众筹流程。同样地，项目发起人应在后续的经营活动过程中及时披露相关信息，并且在达到一定的经营目标时依照众筹时的约定，向投资者发放一定比例的股权分红。值得说明的是，与创投版不同，该板块在运作过程中一般不设置领投人角色。

2. 运作机制分析

（1）投融资者双向共赢运作机制分析。消费版股权众筹又被称为股权收益权融资,是因为投资者在认购项目后不具有公司股东的实质投票权、管理权及决策权等,而只是坐拥一定条件下公司的收益权。这种收益方式的形成与其成长型融资企业的定位有关,消费版股权众筹项目的项目发起人所追求的并非是创业企业的成功,而是谋求企业发展过程中的稳定与成长。因而,在此过程中,项目发起人最希望的是通过众筹手段将企业和消费者有效连接在一起。一方面,获得企业成长路上的融资需求,助力企业健康快速成长;另一方面,通过发放近乎等投资比例的消费金回报,让投资者能够在分红收益外享受高质量的产品和服务,同时还能够助力企业营业收入的增加,从而提高自身的分红收益去帮助企业进行广泛地宣传和推介。这在很大程度上解决了企业在高端消费群体中宣传推广的难题,提高了消费者黏性,为企业的长期发展提供了有力保障。如此形成企业和投资者积极进取的闭环模式,最大限度地实现了投融资者的双向共赢。

(2)"保本投资"机制分析。京东东家消费版股权众筹在运作过程中采用了"保本投资"机制,投资者能够获得其所投资企业一定的消费金。京东东家消费版的13个融资成功项目中,投资者所能够获得的消费金比例如表6-4所示:

表6-4 消费版股权众筹融资项目消费金比例一览表[1]

项目名称	投资额(万元)	消费金(万元)	平均消费金比例
UR 西安金地店	1;3;10	0.5;1.2;2.5	0.38
iSpa 泰美好	1	1.3	1.3
奇境 GinSPA	1;3	0.8;1	0.57

[1] 根据京东东家官网数据整理而得。

第六章　京东东家众筹融资运作模式分析

续表

项目名称	投资额（万元）	消费金（万元）	平均消费金比例
美丽田园	1.2	1	0.83
埃沃裁缝	2.5；5	2.5；5	1
VDG1968	2	2	1
花间堂	2	2.4	1.2
良子健身	1.5	1.5	1
悠游堂主题乐园	2.5	3.2	1.28
金石盟珠宝安吉店	5	3	0.6
UR深圳店	2.5	2.5	1
"老炮儿"工体演唱会	1	0.3	0.3
雕爷牛腩	1	0.5	0.5
消费金平均比例	－	－	0.84

由上表数据可知，在京东东家消费版股权众筹平台上展示的13个融资成功的项目中，消费金比例大于等于1的项目有7个，接近总数的一半；消费金比例大于等于0.6小于1的项目有2个；消费金比例为0.5的有1个；消费金最低的为0.3。总体来讲，13个众筹成功的项目消费金比例平均达到了0.84，相当于一种接近保本的投资。在此情况下，即便是该项目未来不能达到业绩要求，投资者也能够获得接近等投资额的产品和服务。由此可见，京东东家消费版的股权众筹融资模式实质上是一种可预见未来最大风险的接近"保本型"的投资。

京东东家消费版众筹设置了"单店""现金""半年""年度"等多种综合的分红方式，13个众筹成功项目的分红方式如

表 6-5 所示：

表 6-5　消费版股权众筹项目分红方式统计[1]

项目名称	分红方式
UR 西安金地店	单店、现金、年度
iSpa 泰美好	现金、年度
奇境 GinSPA	单店、现金、年度
美丽田园	单店、现金、半年
埃沃裁缝	现金、年度
VDG1968	现金、年度
花间堂	现金、年度
良子健身	单店、现金、年度
悠游堂主题乐园	本息、半年
金石盟珠宝安吉店	单店、现金、半年
UR 深圳店	单店、现金、半年
"老炮儿"工体演唱会	现金、半年
雕爷牛腩	单店、现金、半年

上述统计表明，京东东家消费版股权众筹项目的分红方式均为短期（一年及以内）现金分红。相对于创投版融资项目而言，消费版项目不仅能够在项目融资成功时给予投资者一定比例的消费金作为投资回报，还能够在项目经营过程中根据其业绩情况逐年给予投资者现金分红，这在一定程度上既增强了投资者对于项目的投资信心，同时还拉动了投资者的消费积极性。因为从某种意义上来讲，投资者消费得越多，其所获得的分红

---

[1] 根据京东东家官网数据整理而得。

第六章 京东东家众筹融资运作模式分析

回报也就越多。

（3）退出机制分析。京东东家消费版众筹项目设置了原价回购、消费金、协议回购、风险共担等多种回购方式，融资成功的13个项目具体退出方式如表6-6所示：

表6-6　消费版股权众筹项目退出方式统计[1]

项目名称	退出方式	可否回购	可否中途退出
UR 西安金地店	原价回购	×	×
iSpa 泰美好	原价回购	√（消费要求）	×
奇境 GinSPA	原价回购	×	×
美丽田园	原价回购	×	×
埃沃裁缝	原价回购	×	√（协议）
VDG1968	原价回购	×	×
花间堂	原价回购	×	×
良子健身	原价回购	×	×
悠游堂主题乐园	风险共担	×	√（经营不善）
金石盟珠宝安吉店	原价回购	×	√（经营不善）
UR 深圳店	原价回购	×	×
"老炮儿"工体演唱会	原价回购	×	×
雕爷牛腩	原价回购	×	×

通过上述资料分析可知：首先，从退出方式上来讲，在京东东家消费版股权众筹的13个融资成功的项目中，12个都规定投资者可以通过到期原价回购的方式来实现项目退出。"悠游堂

---

[1]　根据京东东家官网数据整理而得。

北京国瑞 POLI 主题乐园"项目则属于项目投融资者经营风险共担方式,该项目的收益期为 5 年,投资额 5 万,自融资成功算起,每 6 个月为一期,共 10 期,收益方式除了固定的消费金以外,每半年向投资者进行一次本金及现金分红。具体为:当北京国瑞 POLI 主题乐园的半年营业额达到 454.5 万及以上时,按照半年票卡营业额的 0.55‰ 向每位投资者进行收益分配,反之,则按照(实际营业额/454.5 万元 * 2500 元)计算当期收益,其中的 2500 元为当期本金。当然,后者的情况下一定是收益小于本金的,即出现投资亏损。然而,尽管这是一个经营风险共担型投资项目,悠游堂也充分考虑了极端经营情况下对于投资人的保护,即如果主题乐园项目连续 2 期营业收入均未达到人民币 454.5 万元,或投资者 3 年累计现金收入低于其投资本金的 60%,投资人可以要求悠游堂以原价回购未分配部分的本金,并对这部分加算按人民银行同期贷款利率结算的利息。由此可见,该项目的融资退出方式在适当保护投资者利益的同时,还能够把企业的一部分经营风险转嫁到投资者身上,通过给予投资者一定的分红压力而促使其从思想上转变身份,以经营者的视角和考虑去拉动身边潜在的消费者,最大限度地宣传公司产品,从而促进企业经营收入的增长。与到期回购的退出方式相比较,这种退出方法更加贴合企业的宣传需要,从而有力地提升企业的营业收入,增加投资者的投资收益,实现项目发起人与投资者之间的合作共赢。

其次,对于某些风险承受能力较低的投资者而言,在消费版股权融资较长的回收期里,不免会因生活中的一些不可抗力因素导致产生想要中途退出项目的想法。以上资料表明,在京东东家消费版的 13 个项目中,几乎没有项目可以实现中途退出,除非其经营不善。在此情况下,如若遇到项目经营失败,则投资者可获得由项目发起人总部或京东担保的本金,实现中途退出,否则必须待项目融资期结束,项目发起人回购本金(或按协议规定退出)。由此可见,消费版股权众筹融资一般不接受中途退出,适合那些具有较高风险承受能力的投资者进行投资。

最后,还有一些投资者在持有被投资项目的股权收益权期间,不免会对该融资项目萌生更多的关注之情,以致在融资项目一路走高的情形下产生长期持有其股权收益权的想法。因此,在消费版项目股权众筹的过程中,很多投资者会问这样一个问题,即投资期满后可不可以不被回购,继续享有被投项目的收益权,甚至是入股该项目。然而,目前在京东东家消费版股权众筹融资的 13 个项目中,仅有 1 个项目可实现投资期满不回购,即 iSpa 泰美好服务类项目。该项目约定,3 年众筹期满后,投资人 3 年累计消费前 10 名且消费额超过 10 万,基于自愿原则,可以跟泰美好母公司协商,在众筹期结束后转为本店长期股东,或者未来其他店面的股东,成为长期合伙人。投资人 3 年累计消费前 50 名,可以自愿加入 iSpa 投资人精英俱乐部,共议未来发展机会。该案例表明,由于消费版股权众筹融资项目大多属于成熟的连锁企业,投资者对其相对信任,加之投资者自身高净值人群的消费属性,投资者们愿意相信该企业的未来成长空间,从而想要做其长久股东。可以说,该制度的推出在某种程度上提高了投资者对发起项目的投资和消费热情,有助于企业的长期发展,值得其他中小微融资企业借鉴与学习。

三、消费版股权收众筹风险来源及控制

1. 风险来源分析

与创投版股权众筹项目相似,在消费版股权众筹项目运作

过程中，仍存在项目的选择风险、投资人认证、项目信息发布、项目路演及融后信息披露过程中的道德和欺诈风险以及项目退出风险等，相同部分在此不再赘述。以下，笔者将对与创投版项目具有差异的风险点进行详细分析。

（1）发起项目的经营风险。任何企业在经营的过程中都伴随着风险的存在，京东东家消费版股权众筹项目也不例外。现如今，依托互联网的消费模式已遍及人们生活的各个角落，业务范围包括人衣、食、住、行的方方面面，在一定程度上给予了实体企业不小的冲击。再加上近年来我国经济形势持续不稳定，企业的经营风险明显走高。而在京东东家消费版股权众筹项目中，投资者获取收益的重要标准为达成企业经营业绩，在保证企业获利的情况下给予投资者相应的分红。因此可见，企业的经营风险直接决定了投资者的投资风险。

（2）发起项目财务及业绩信息的真实性。与创投版的项目估值问题相似，京东东家消费版众筹项目中投资者要获取投资收益需达到的业绩标准同样是由项目发起人拟定的，并且是在没有领投人的情况下自行确定的结果。因而，出于经济人假设和道德风险的考量，再加上项目发起人多为非上市企业，其信息不透明且具有被操纵的可能性，有可能虚增或减少企业利润，减少甚至不给投资者现金分红。作为普通投资者而言，无法辨别项目发起人提交信息的真伪，一切的结果只能由项目发起人决定。这种情形对投资者而言极为不利，存在比较大的欺诈风险。

（3）资金安全风险。在项目众筹过程中最重要的莫过于资金的安全问题。与创投版相同，消费版项目众筹成功后，投资者仍需把资金直接转入京东东家委托的第三方资金托管机构，再由第三方资金托管机构听从京东东家发布的指令，在众筹成功后将投资者的资金转入项目发起人的账户。其中,第三方资金托管机构的风险问题已在上一节叙述过,在此不做重复。除此之外,消费版股权融资项目另一个较大的风险点在于其融后退出时的本金保障问题。由于消费版上的融资项目多为连锁企业,在长达3年~7年的投资回收期里,投资人可能因地域问题而并未到融资门店进行消费。在长时间不关注、不了解融资门店的情况下,若融资门店发生私逃现象,则必定会给投资者带来投资损失。

2. 风险控制

针对消费版股权众筹过程中存在的风险,京东东家制定了相应的风险防控措施,具体如表6-7所示:

表6-7 京东东家消费版众筹风控措施[1]

风险来源	风险控制措施
经营风险	定位于市场成熟型企业
业绩估值真实性风险	无
资金安全风险	定位于连锁企业,担保机制

首先,为了规避和减少企业经营风险,京东东家消费版股权众筹在项目选择上采取了一定的保守措施,除"老炮儿"工体演唱会等文化创意项目外,其余项目发起人均为具有成熟稳定市场的品牌连锁企业。相对于初创企业而言,知名连锁企业在项目经营上已具有一定规模,在遇到问题时会有一定的风险抵御能力,从而降低众筹成功后的运营风险。

其次,在消费群体的定位上,将高端消费群体定为京东东家消费版众筹项目的受众人群,是京东家把控风险点的另一重

[1] 根据网络资源整理而得。

要手段。通过对 13 个众筹成功项目的资料进行分析可知，多数连锁品牌的服务对象均为中高端收入人群，一方面，在于他们的消费水平偏高，正是发起项目定位的目标消费群体，对这一类型用户的积累是项目发起人参与消费版众筹，进而对其品牌进行宣传的良好契机；另一方面，由于高净值人群的资产配置一般较为合理，风险承受能力也相对较强，即便是投资项目出现经营风险，投资者依旧能够享受消费金或是折扣优惠服务，投资者也能够适当接受，不会太在意分红收益。因此，将消费版股权众筹项目的投资受众定位于高端消费群体是京东东家降低投资风险的又一立足点。

再次，与创投版的项目估值问题类似，京东东家对于消费版众筹项目业绩评估的真实性没有任何风控措施，从而给项目发起人信息造假、损害投资者利益提供了可乘之机。因此，把控项目发起人发布信息的真实准确性，从而避免造成投资者损失是京东东家未来需要着重改进的地方。

最后，针对项目众筹成功后退出的本金保障问题，由于项目发起人多属于连锁企业，多数单店众筹项目投资期结束后都由公司总部担保承诺回购投资者本金，甚至是承担无限连带责任（法律文件需经京东东家审核通过）。众筹过程中，品牌连锁企业总公司和融资单店会共同与投资者签订投资协议，并同京东东家签订担保协议，最大限度地保障投资者的本金安全。

四、消费版股权众筹存在的问题

京东东家消费版股权众筹平台成立仅一年多，由于成立的时间还不长，相关规则和机制设置还不完善，在运作过程中难免产生一些问题，如提交信息的真实性、低现金收益率、股权持有期过长以及退出机制单一等。以下，笔者将对这些问题进行具体分析。

第六章 京东东家众筹融资运作模式分析

1. 项目发起人提交信息的真实性问题

京东东家消费版上发布的项目最大特点在于投资的收益约定,除了给予投资者一定比例的消费金外,项目发起人还会根据该项目的历史经营数据、行业发展态势等确定一个未来分红业绩额度。倘若未来年度该项目达到预定的业绩额度,则项目发起人会按照众筹时约定的销售收入或净利润的比例向投资者发放现金分红。反之,若业绩达不到设定标准,则不向投资者发放现金红利。因此,投资者未来能否获得分红以及分红的多少直接由企业是否能够达到项目众筹时约定的业绩标准以及约定的分红比例决定。

然而,就目前京东东家消费版上线的众筹项目而言,分红业绩标准多由项目发起人自行确定,京东东家并未对项目发起人提交数据的真实性进行调查和审核。虽然项目发起人在路演过程中会公布其过去的基础财务数据,但是,在投资者缺乏经验以及没有领投人把关的情况下,这些财务数据的真实性、可靠性无从考证,不能避免项目发起人故意造假、欺诈投资者的行为发生。

2. 保本模式的低现金收益率问题

根据项目特征及风险状况,京东东家消费版众筹项目回报率和投资期限呈现较大差异,13 个众筹成功项目的预期收益率和投资年限如表 6-8 所示:

表 6-8 消费版股权众筹融资项目现金收益率及投资期一览表[1]

项目名称	现金收益	投资期限
UR 西安金地店	4%~10%/年	3 年

---

[1] 根据京东东家官网数据自行整理而得。

续表

项目名称	现金收益	投资期限
iSpa 泰美好	收入 * 0.015%	3 年
奇境 GinSPA	不低于 7%	3 年
美丽田园	不低于 6%	3 年
埃沃裁缝	7%~9%	5 年
VDG1968	约 7.5%	3 年
花间堂	收入 * 6%	7 年
良子健身	不低于 6%	5 年
悠游堂主题乐园	收入 * 0.55‰	5 年
金石盟珠宝安吉店	不低于 9.3%	5 年
UR 深圳店	7%左右	5 年
"老炮儿" 工体演唱会	7%	6 个月
雕爷牛腩	月入 0.1%计提	5 年

从以上分析可知，如若不考虑经营风险，消费版股权众筹属于近乎保本状态的投资。京东东家虽然将消费版众筹投资人定位于高净值、高消费能力群体，但是，相比于消费服务来讲，投资者更多还是偏好实际的现金分红。从京东东家消费版 13 个众筹成功的项目来看，多数发起项目承诺的现金收益率在 7%~9%左右，其投资现金收益并不高。

3. 股权持有期过长

通过京东东家消费版股权众筹的 13 个融资成功项目可知，超过 95%的项目投资回收期在 3 年~7 年期间。相对于创投版融资项目而言，消费版众筹的投资者参与众筹的目的并不在于长期拥有，相反，他们追求的是短期财富增长。因此，消费版上众筹项目投资回收期过长有可能是制约项目众筹成功的关键因素之一。

4. 退出机制单一

目前，京东东家消费版股权众筹项目可实现的退出方式仅有到期项目发起人回购和风险共担经营分期退出两种，相比于创投版众筹项目而言，显得有些单一。因此，需要创新众筹股权退出机制，增强投资者持有股份的流动性，从而吸引更多投资者关注。

第五节　结论及建议

1. 研究结论

首先，依托京东集团强大创业生态资源背景，京东东家股权众筹平台在行业内具有比较优越的竞争地位，众筹运作机制和风控措施逐渐完善，有许多可以借鉴的成功做法值得业界学习。

其次，京东东家作为京东集团业务生态链的重要一环，将京东集团的供应商、消费者和相关利益方紧密联系起来，打造了比较完善的商业生态链系统，已经成为京东集团未来发展的重要板块，具有比较广阔的发展空间。

最后，京东东家在发展过程中所形成的比较明显的优势，主要体现在：京东东家创投版和消费版股权众筹平台运作机制和运作模式与京东集团电商业务联系比较紧密，起到了相辅相成的作用；京东东家在"领投+跟投""小东家"计划、投融者双向共赢等方面已经体现出一定的优势和核心竞争力等。与此同时，京东东家还存在许多不足之处，主要体现在：众筹平台对于项目融资过程中的信息发布审核监管力度不足、缺乏专业的项目价值评估机制，以及退出机制不足等。

2. 建议与展望

第一，完善相关法律法规和制度建设。首先，借鉴美国JOBS法案的经验，加快我国股权众筹相关法律条文的出台，明确股权众筹平台的准入门槛，提高行业平台整体质量，减少欺诈事件的发生；其次，明确股权众筹行业的监管主体，消除证监会与银监会交叉监管的空白区域，做到有法可依，违法必究；最后，建立行业自律协会，制定标准的行业制度准则，实现自我约束、自我调节的市场机制，与政府监管双管齐下，为股权众筹行业的健康可持续发展保驾护航。

第二，建立股权众筹行业数据库，完善征信系统。针对投融资者之间存在的信息不对称所引发的道德风险和欺诈风险，相关部门（如行业协会或证监会）应建立股权众筹融资行业数据库，将融资项目涉及的全部主体信息全面载入库中，且关联央行征信系统。同时，将不断更新的信用数据反向传输给央行，做到数据及时更新、全面共享，为股权众筹融资营造一个全面的信用数据库。此外，通过行业数据库信息建立标准的项目及业绩评价体系，对股权众筹项目进行审查和监管，从而引导一级市场的投资趋向理性化。

第三，建立多种途径相结合的股权众筹退出机制。股权众筹可以说是依托于互联网下的VC和PE，与传统的退出机制相似，主要有IPO、新三板、兼并收购、股权转让、回购、清算等退出方式，具有投资回收期较长的特点。而对于股权众筹未来更加趋于大众化的发展态势，投资者一般能够接受的投资回收期较短。因此，丰富创新股权众筹项目投资的退出方式，设置适当的中途退出机制，对于增强股权众筹行业资金流动性以及盘活行业资产具有重要意义。

第四，探索开展公募股权众筹业务。早在2014年11月，李克强总理就提出了"开展股权众筹融资试点"工作,后随着《指导意见》的出台以及股权众筹两次被写入政府工作报告,股权众筹在我国开启了"井喷式"的发展。然而,截至目前,我国的股权众筹平台还未真正开展公募型股权众筹业务,依旧停留在私募股权众筹领域的深耕与探索中。尽管早在2015年8月,京东、平安、阿里等三大巨头便获得了证监会认可的公募股权众筹资格,但直至今天,三家股权众筹平台仍尚未上线公募股权众筹业务。

反观美国,2015年的5月16日,美国创业企业融资法案第三部分正式生效,标志着任何美国成年人都可以购买创业公司和小企业的股票。即只要企业在规定网站注册,并提供收入所得用途和企业规划之类的证明文件,便可以在1年内进行不超过100万美元的股权众筹融资。此规定的出台,开启了股权众筹向"公开、小额、大众"发展的新起点,将股权众筹的投资门槛降低至只限制个人收入,即若年收入低于10万美元的投资者,最多向公司投资个人5%的收入或净资产。该法案一经推出,便掀起了美国股权众筹的高潮,无论是认证投资者数量、众筹平台数量还是众筹平台融资总额都达到了历史顶峰,甚至比过去4年的总和还要多。观此现象,结合我国股权众筹的发展趋势可知,加快股权众筹公募化是当下我国股权众筹行业发展的必然趋势。

综上所述,股权众筹的低成本、高效率融资模式已在一定程度上缓解了我国中小微企业的融资瓶颈,为我国多层次资本市场的发展和金融领域的创新做了重要补充。如果把一个创业企业的成功比作成我们的求学过程,那么股权众筹就相当于是求学过程中的幼儿园和小学阶段,其目的就是要一步步地在学习中成长,步入中学,即对接新四板和新三板,最终考取大学,即踏入中小板、创业板和主板市场。因而说,股权众筹作为服务中小微企业发展的一种融资手段,在对接新四板甚至是主板市场上具有先天优势,其未来必将成为多层次资本市场中极具权重的融资渠道,为我国经济发展做出重要贡献。

参考文献

[1] G. K. C. Ahlers et al., "Equity Crowdfunding", available at http://ssrn.com/abstract=2362340.

[2] H. Wojciech, "How to Perfectly Discriminate in a Crowd? A Theoretical Model of Crowdfunding", *Working Paper*, 16 (2013).

[3] Ajay K. Agrawal, Christian Catalini and Avi Goldfarb, "Some Simple Economics fo Crowdfunding", National Bureau of Economic Research Working Paper, available at http://www.nber.org/papers/w19133, 2013.

[4] T. Beck and R. Levine, "Stock Markets, Banks and Growth: Panel Evidence", *Journal of Banking and Finance*, 28 (2003).

[5] P. Belleflame, T. Lambert and A. Schwienbacher, "Crowdfunding: Tapping the Right Crowd", SSRN Scholarly Paper No. ID1578175, *Social Science Research Network*, Rochester, NY, 2012.

[6] I. Bogost, "The New Aesthetic Needs to Get Weirder", *The Atlantic*, 13 (2013).

[7] M. Ding, "An Incentive-aligned Mechanism for Conjoint Analysis", *Journal of Marketing Research*, 44 (2007).

[8] D. O. Lauga and E. Ofek, "Market Research and Innovation Strategy in A Duopoly", *Market Science*, 28 (2009).

[9] E. Mollick, "The Dynamics of Crowdfunding: An Exploratory Study", *Journal of Business Venturing*, 29 (2014).

[10] V. MaKsimovic, M. Ayyagari and A. Demirguc Kunt, "Firm Innovation in

[10] Emerging Markets: the Role of Governance and Finanacial", World Bank Policy Research, *Working Paper*, 2007.

[11] M. H. Meyer, M. Anzani and G. WaLsh, "Innovation and Enterprise Growth", *Research Technology Management*, 48 (2005).

[12] Morck R. Masaoc, "Banks & Corporate Control in Japan", *Journal of Finance*, 54 (1998).

[13] E. Molick, "The Dynamics of Crowdfunding: Determinants of Success and Failure", SSRN Scholarly Paper No. ID 2088298, *Social Research Network*, Rochester, NY 2012.

[14] Solomon Tadesse, "Financial Architecture and Economic Performance: International Evidence", *Financial Development and Technology*, 11 (2002).

[15] 郑海超等:"创新项目股权众筹融资绩效的影响因素研究",载《中国软科学》2015年第1期。

[16] 陈初:"对中国'P2P'网络融资的思考",载《人民论坛》2010年第9期。

[17] 陈健.:"股权众筹:制度构建与疑义相析——评《私募股权众筹融资管理办法(试行)(征求意见稿)》",载《政府与经济》2015年第2期。

[18] 冯一萌:"京东金融再出发",载《IT经理世界》2014年第7期。

[19] 龚映清、蓝海平:"美国SEC众筹新规及其监管启示",载《证券市场导报》2014年第9期。

[20] 郭菊娥、熊洁:"股权众筹支持创业企业融资问题研究",载《华东经济管理》2006年第1期。

[21] 郭娜:"政府?市场?谁更有效——中小企业融资难解决机制有效性研究",载《金融研究》2013年第3期。

[22] 郭喜才:"互联网金融背景下的中小型科技企业融资问题研究",载《科学管理研究》2014年第2期。

[23] 胡吉祥:"众筹的本土化发展探索",载《证券市场导报》2014年第9期。

[24] 黄玲、周勤："创意众筹的异质性融资激励与自反馈机制设计研究——以'点名时间为'例",载《中国工业经济》2014 年第 7 期。
[25] 黄玲、周勤:"基于期望理论的众筹设计研究",载《财经科学》2015 年第 6 期。
[26] 黄健青、陈欢、李大夜:"基于顾客价值视角的众筹项目成功影响因素研究",载《中国软科学》2015 年第 6 期。
[27] [美] 杰夫·豪:《众包——群体力量驱动商业未来》,牛文静译,中信出版社 2011 年版。
[28] 雷华顺:"众筹融资之信息失灵与制度克服",载《金融与经济》2015 年第 5 期。
[29] 蓝俊杰:"我国股权众筹融资模式的问题及政策建议",载《金融与经济》2015 年第 2 期。
[30] 罗明雄、唐颖、刘勇:《互联网金融》,中国财政经济出版社 2013 年版。
[31] 刘志坚、吴珂:"众筹融资起源、发展与前瞻",载《经营管理》2014 年第 6 期。
[32] 刘姝姝:"众筹融资模式的发展、监管趋势及对我国的启示",载《金融与经济》2014 年第 7 期。
[33] 刘继兵、王定超.:"基于层次分析法的科技型小微企业创新能力与绩效评价研究",载《科技进步与对策》2013 年第 18 期。
[34] 刘芸、朱瑞博:"互联网金融、小微企业融资与征信体系深化",载《征信体系建设》2014 年第 2 期。
[35] 零壹研究院:《众筹服务行业年度报告》,东方出版社 2016 年版。
[36] 零壹研究院:《众筹服务行业年度报告 2015》,东方出版社 2015 年版。
[37] 零壹研究院:《2015 年中国互联网众筹年度报告》。
[38] 梁昊光:《中国区域经济发展报告（2014~2015 年）》,社会科学文献出版社 2015 年版。
[39] 马永保:"股权众筹行业融资信息披露制度:行业特殊性与发展方向",载《现代经济探讨》2016 年第 8 期。

［40］孟韬、张黎明、董大海："众筹的发展及其商业模式研究",载《创新与创业》2014年第2期。

［41］苗文龙、刘海二："互联网众筹融资及其激励约束与风险管理——基于金融市场分层的视角",载《金融监管研究》2014年第7期。

［42］苗文龙、严复雷："众筹融资、项目选择与技术进步",载《金融经济学研究》2014年第7期。

［43］牛瑞芳:《互联网金融的小微企业融资研究》,经济管理出版社2015年版。

［44］潘永明、王晓丽："基于生命周期的科技型小微企业融资问题研究",载《企业经济》2014年第8期。

［45］清科研究中心:《2016年股权众筹报告》。

［46］清华大学启迪创新研究院:《2015年中国城市创新创业环境评价研究报告》,清华大学出版社2016年版。

［47］邱勋、陈月波："股权众筹:融资模式、价值与风险监管",载《新金融》2014年第9期。

［48］孙永祥等："我国股权众筹发展的思考与建议——中美比较的角度",载《浙江社会科学》2014年第8期。

［49］孙学立："我国P2P借贷模式及其监管问题",载《新金融》2014年第6期。

［50］吴凤君、郭放："众筹融资的法律风险及其防范",载《西南金融》2014年第9期。

［51］徐韶华等："众筹网络融资风险与监管研究",载《互联网金融》2014年第10期。

［52］王曙光、贺潇、贾镝："众筹模式的激励相容、运作机制与风险监管——兼论中国式众筹的问题与趋势",载《金融与经济》2015年第3期。

［53］杨东、刘翔："互联网金融视域下我国股权众筹监管规制研究",载《上海金融》2014年第11期。

［54］杨尊霞："股权众筹信息披露制度研究",载《法制博览》2015年第12期。

[55] 盈灿咨询：《2016 年 11 月众筹行业报告》。
[56] 俞晔、王方华、伍青生："网络社区对企业网络直销电子商务平台品牌忠诚影响因素及传导机理实证研究"，载《科技管理研究》2011 年第 16 期。
[57] 余涛："众筹规制探究——一个规范分析的路径"，载《证券市场导报》2015 年第 3 期。
[58] 袁康："资本形成、投资者保护与股权众筹的制度供给——论我国股权众筹相关制度设计的路径"，载《证券市场导报》2014 年第 12 期。
[59] 张付庆："股权众筹领投人模式下跟投人权利保护规则"，载《经营与管理》2016 年第 8 期。
[60] 张利国、杨子皎："中国式众筹的 4 大模式与 N 种可能"，载《经理人》2014 年第 11 期。
[61] 张元萍、杨哲、韩晓宇："众筹融资与科技型企业成长契合性研究——机理分析与实证检验"，载《科技进步与对策》2016 年第 3 期。
[62] 赵凌云："小微企业融资难问题研究"，载《财税统计》2014 年第 5 期。
[63] 赵尧、鲁篱："股权众筹领投人的功能解析与金融脱媒"，载《财经科学》2015 年第 12 期。
[64] 周灿："我国股权众筹运行风险的法律规制"，载《财经科学》2015 年第 3 期。
[65] 周晓琳、李凯旭："科技型小微企业的创新能力评价维度研究"，载《中国管理信息化》2016 年第 6 期。